KB042654

세상의 모든 시간

세상의 모든 시간

느리게 사는 지혜에 관하여

토마스 기르스트 지음

이덕임 옮김

을유문화사

일러두기

1. 도서·신문·잡지는 『 』, 시·단편소설·음악 작품은 「 」, 그림·전시·영화는 〈 〉로 표기하였습니다.

2. 인명이나 지명은 국립국어원의 외래어 표기법을 따랐습니다. 단, 일부 굳어진 명칭은 일반적으로 사용하는 명칭을 따랐습니다.

3. 본문에 실린 도판은 내용의 이해를 돕기 위해 편집부에서 추가한 것으로 국내 출간본에만 수록되어 있습니다.

4. 유로와 달러는 이 책의 초판 발행 시점을 기준하여 '원'의 시세로 환율을 표기하였습니다.

독자들에게

솔직히 말해서 나는 오직 나 자신만을 위한 안전을 추구해 왔다. 추악함이 너무나 빨리 퍼지고, 보존할 만한 가치를 지닌 아름다움이 점점 더 희귀해지는 세상에서의 안정성. 어마어마한 혜택을 받고 살았던 전 세대와 비교해서 내 아들과 딸이 훨씬 열악한 환경 속에서 살아갈 것을 걱정해야 하는 시대에서의 안정성. 전쟁과 파괴, 분노와 사악한 말들, 자원 낭비와 오염도 문제지만 민족주의와 우월주의, 외국인 혐오 그리고 사회 전체를 파괴하고 있는 포퓰리즘의 독약 속에서 우리는 그에 대적할 만한 위대한 것을 만들어 낼 수 있을까? 인간은 국경과 세대를 넘어서 혹은 천 년 이상의 시간을 넘어서 위대함을 창조해 낼 수 있는 지구상의 유일한 생명체다. 어쩌면 그것이 바로 우리의 존재 이유가 아닐까? 시와 예술, 과학, 민주주의가 부여한 위대한 자유와 지속 가능한 경제. 또한, 자신들이 유일한 권리를 가지고 있다고 주장하지만 않는다면, 종교에서도 위대함은 찾을 수 있다.

하루 24시간 혹은 일주일 내내 시끄럽고 정신없이 입에 거품을 무는 대신, 신중하게 저울질하면서 중립적인 결정을 내리는 정치에서도 위대함은 찾을 수 있다. 시끄러운 으르렁거림이 아니라 부드러운 소리 속에서, 침묵과 고요함에서, 매일같이 우리가 접하는 과대 포장된 값싼 선전이 아니라 집중과 명상 속에서, 인간의 아름다움과 우리가 이룰 수 있는 모든 것이 모습을 드러낸다. 가치가 있는 일은 시간을 필요로 함을 우리는 안다. 하지만 행동이나 말을 보면 알 수 있듯, 우리는 너무 자주 정신 없이 행동한다. "잠깐 시간 좀 내줄래요?" "잠깐만 좀 볼까요?" 등등 직장이나 집에서 얼마나 자주 '잠깐'이라는 말로 문장을 시작하는가? 불쾌함이 스멀스멀 번져 간다. 어디에도 진정 존재하지 않고 아무 일도 제대로 하지 못하고 사는 듯한 불쾌한 느낌. 몸과 마음을 다해 전념하는 대신 모든 일을 그저 건성으로 해 내면서도 결코 충족감을 느끼지 못하는 병.

"우리 사회의 모든 것이 즉흥적인 행복, 에스프레소, 설탕, 페이스북의 좋아요, 포르노, 마약, 알코올 같은 순간적인 만족에 초점을 맞추고 있다. 그러나 진정한 만족감이나 행복감을 주는 역할을 하는 호르몬은 이런 행동으로 자극되기보다는 오히려 차단되는 경향이 있다. 즉각적인 만족은 인간의 심오한 행복을 방해한다. 한 가지 강렬한 감각에 예민해질수록 다른 감각에는 무뎌지게 된다." 혼자만의 사색과 느림, 혹은 많은 시간이 소요되는 것들에 대한 글을 쓰면서 나는 작가 비르지니 데팡트Virginie Despentes가 한 이 말에 대해 확신을 갖게 되었다. 순간적인 관심은 절대로 진심 어린 행복의 기반이 될 수 없다. 그러나 오늘날 우리의 일상을 지배하고 있는 실리콘 밸리 회사들의 사업 모델은 대부분 의도적으로 사람들의 주의를 끌어 산만하게 만드는 것을 목적으로 개발되고 있다. 그것은 더 이상 사려 깊은 사색과 신중함, 여유와 정신적 각성 따위는 필요로 하지 않는다. 소비자는 크게 노력하거나 힘들이지 않는 것에 익숙해지고 시간과 노력이 필요한 일은 점점 기피하게 되었다.

스냅챗과 왓츠앱, 인스타그램과 페이스북으로 우리는 매분 친구나 가족 들과 소통할 수 있지만, 정작 진지하게 대화를 나누는 시간은 갈수록 줄어들고 있다. 2003년 무렵부터 이미 사람들은 인터넷 플랫폼을 통해 두 번째 삶을 살고 있다. 우리의 아바타는 수십만 명의 다른 사용자와 연결될 수 있는 삼차원 가상 세계를 실시간으로 누빈다. 실제로 디지털 대사관을 발 빠르게 개설한 나라도 있다. 어쩌면 이미 화면 속의 두 번째 인생이 우리의 첫 번째 인생이 됐는지도 모르겠다. 그럼에도 불구하고 진정한 친밀감과 애정에 대한 갈망은 줄어들지 않으며, 디지털 공간에서 소외되는 것에 대한 공포는 더욱 커지고 있다.

사회학자 하르트무트 로자Hartmut Rosa는 '공명Resonanz'이라는 핵심 개념을 통해 이 같은 움직임을 반박하며 '자신을 진짜 세상과 연결시키는 것'의 중요성을 강조한다. 이상적인 이미지라는 허상으로 가득 찬 디지털 메아리의 공간에서는 자기 과시 중독자들의 줄 세우기가 매일 계속된다. 거기서 앞자리를 차지하려는 부담에서 벗어나야 비로소 주변 환경뿐 아니라 자기 자신도 순수하게 들여다볼 수 있다는 것이다. 자기 행동의 의미를 재발견하는 시간, 더 이상 내면이 공허하지 않은 시간 말이다.

무엇보다 스스로 압박을 벗어던져야 한다. 지름길이 난무하는 시대에 나는 감히 둘러가는 길을 권하고 싶다. 그저 단순한 우연이 아니라 영어로 '뜻밖의 즐거움' 또는 '행운'을 의미하는 '세렌디피티Serendipity'에 가까운 우연 말이다. 문화학자 카를로 긴즈부르그Carlo Ginzburg는 한때 이것을 '우연과 지성으로 이루어진 예기치 못한 발견'이라고 표현하기도 했다. 이 책은 바로 이러한 우연에 관한 책이다. A에서 B까지 가장 빨리 가는 길이 항상, 누구에게나 가장 중요한 일은 아닐 수 있다. 쿠키(웹사이트 접속 시 자동으로 만들어지는 임시 정보 파일-옮긴이)나 추적 프로그램, 각종 애플리케이션으로 개개인에게 가장 필요한 정보만 찾아서 보여 주는 것도 그리 중요하지 않을 수 있다. 단순히 디지털 중독에서 벗어나자는 '디지털 디톡스'를 말하려는 게 아니다. 사실 느리게 살기 운동이 전파하는 속도 줄이기의 이념은 우리에게 큰 도움이 되지 못한다. 대안적인 주장은 우리에게 전혀 필요하지 않은 새로운 전선을 만들어 낼 뿐이다. 느림은 그 자체로는 결코 목표가 될 수 없다. 솔직히 말해서 도서관 상호 대출로 어딘가로 사라진 책을 수 주일 동안 기다리는 대신, 마우스 클릭 한 번으로 원하는 인용문을 찾을 수 있다는 사실은 축복이다. 한편으로는 아날로그의 아름다움을 보존하고 정보와 지식의 차이를 끊임없이 구별하는 것도 중요하다. 전자는 기술의 시대에 항상 언제나 이용 가능한 혜택이지만, 후자는 인내와 노력으로 얻어지는 것이다.

"가치가 있는 일은 뭐든 항상 시간을 필요로 한다." 굳이 밥 딜런의 팬이 아니더라도 나는 이 문장에 진심으로 고개를 끄덕인다. 명곡 하나를 만들기 위해서는 하잘 것없는 100곡을 써야만 한다. "다만 온전히 자기 자신에게만 집중하며 스스로의 별을 따라가야 한다." 나침반도 없이 자신의 내부를 더 깊이 더 멀리 여행할 때, 우리는 어떠한 풍경을 만나게 될까! 이 훌륭한 모험에 필요한 것은 오로지 내면의 고요함과 시간, 그리고 겸손뿐이다. 이미 16세기 아빌라의 성녀 테레사를 통해 우리는 그녀 안의 수많은 방이 열렸다는 것을 알고 있다. 그렇다, 우리는 모두 혼자이지만 결코 외롭지 않다. 그 모든 시간 동안 우리는 거인의 어깨 위에 서서 세상을 보며, 도서관에서 우리를 향해 미소 짓는 사람들과 조우하고 평생의 친구인 책을 만난다. 프랑스의 시인 보들레르는 예술 혹은 활자화된 언어는 마치 밤의 해안을 비추고 서 있는 등대와 같으며, 이것들을 통해 우리는 수백 년, 수천 년 시간을 거슬러 올라가 그 시대의 사람들과 연결될 수 있다고 말했다.

독자들에게 이 책의 이야기에 '시간'을 할애해 달라고 부탁하고 싶다. 느긋하게 쓰려고 한 만큼 나 또한 독자들과 생각을 나누고자 하는 성급한 충동을 억제해야 했다. 혹시 내 시도가 전부 성공하지는 못했다 하더라도 너그럽게 양해해 주길 바란다. 나의 주된 관심사는 문화사와 과학사에서 이룬 위대한 업적을 한번 뒤돌아보고 인간이 성취할 수 있는 노력과 범주가 무엇인지를 살펴보는 것, 우리에게 궁극적으로 중요한 것은 무엇인지, 또 우리가 할 수 있는 일은 무엇인지를 생각해 보는 것이다. 어떤 대상에 시간을 들이는 일은 모든 사람에게 불안의 시대한가운데서 내면의 중심을 잡아 주는 방호벽이 될 수 있다. 이 책을 쓰면서 느낄 수 있었던 내면의 풍요로움을 독자 여러분들이 경험할 수 있다면 나는 그것으로 행복하겠다. 이제 '세상의 모든 시간'을 여러분에게 건넨다.

토마스 기르스트

차례

우편배달부 슈발
DER BRIEFTRÄGER CHEVAL

우편배달부 슈발이 직접 지은 꿈의 궁전

10,000일. 93,000시간. 33년 노고의 세월. 외벽에 이런 문구를 새기고 나서, 시골의 우편배달부였던 페르디낭 슈발 Ferdinand Cheval은 꿈의 궁전Palais idéal을 짓는 일에 마침표를 찍기로 결심했다.

슈발은 프랑스 동남부의 갈로흐Galaure강 변에 위치한 오트리브Hauterives 마을에 살았다. 그는 1879년부터 1912년 사이, 오랫동안 우편배달을 하며 주워 온 돌멩이와 자갈, 조개로 한때 밭으로 쓰던 땅 위에 거대하고 유려한 건물을 세웠다. 그는 매일 30킬로미터 이상을 걸어 언덕과 계곡, 들판을 지나 외딴 촌락과 작은 마을을 도는 일을 했다. 가난한 소작농의 아들이었던 그가 고단한 여정 중 처음으로 돌멩이를 주워 집으로 온 것은 43세 때였다. 그 돌멩이는 현재 세 개의 좁은 나선형 계단을 따라 이어지는 꿈의 궁전 테라스의 작은 제단 위에 놓여 있다. 슈발이 동화 같은 궁전을 짓도록 영감을 준 것이 바로 그 돌멩이였다. 그는 사후에 공개된 기록 수첩에 다음과 같이 적었다.

"벨벳과도 같은 감촉의 돌 위에 물이 닿으면서 작용을 일으켰고, 세월의 황폐함이 더해져 자갈처럼 딱딱해졌다. 인간의 손으로 이 특이한 돌을 모방하는 것은 불가능하다. 여기에는 온갖 종류의 동물, 온갖 종류의 형상이 포함되어 있다. 나는 자연이 창조한 이런 조각품들을 보면서 스스로에게 말했다. 나도 석공이자 건축가가 될 수 있다고."

걸어서 내부를 통과할 수 있는 꿈의 궁전은 가로 30미터, 세로 15미터 크기이며, 높이는 13미터에 이른다. 빽빽하게 장식된 복잡한 정면에는 수백 개의 동물 조각상과 화초와 채소, 신화 속의 형상, 역사 속 혹은 동시대 인물들, 거인을 포함한 수많은 생명의 형태가 묘사되어 있다. 이 모든 형상은 슈발이 꿈속에서 보았거나 먼 길을 오가는 동안 마음속에 떠오른 것이다. 프랑스에서도 까마득한 오지에 속하는 이곳 사람들에게 경이로운 세상의 모습을 실은 사진이 배달되기 시작한 지 얼마 되지 않은 때였다. 민속 예술의 유산으로서 꿈의 궁전은 그 무엇과도 비교할 수 없다. 이 건축물은 힌두 사원과 중세의 성, 모스크와 이집트의 무덤뿐 아니라 스위스의 산장 등으로 이루어져 있다. 새끼 사슴과 펠리컨에게 헌정한 동굴의 입구는 고딕풍의 기괴한 얼굴과 문어와 봉황이 지키고 있다. 수백 가지의 형상으로 장식된 긴 갤러리의 입구는 낙타와 코끼리 한 마리가 지키고 있고, 그 위에는 슈발이 쓴 경구가 빛나고 있다. '나의 육신은 꿈을 위해 궂은 기후와 비웃음, 시간을 헤치고 살아남았다. 인생은 그저 덧없는 순간일 뿐이지만 나의 생각은 이 돌 속에서 계속 살아갈 것이다.' 슈발이 직접 만들었고 수십 년 동안 궁전을 짓기 위한 돌을 나르는 데 사용했던, 그가 무척 아꼈던 목조 손수레를 위해 특별히 마련된 제단도 있다.

우연히 1904년 프랑스의 젊은 시인 에밀 루-파라작 Émile Roux-Parassac이 슈발의 작품에 관심을 보였고, 그의 기발한 건축적 성취를 칭송하는 시를 써서 '꿈의 궁전'이라고 불렀다. 슈발은 처음에는 자신의 궁전을 '원초적 동굴'이라 불렀다. 사실 그 정도의 이름은 약과다. T.S. 엘리엇은 1922년에 쓴 획기적인 시 「황무지」의 제목을 처음에는 '그는 서로 다른 목소리로 세상을 정탐한다'라고 지은 바 있다. 또한 헤밍웨이도 1920년대 파리에서의 화려했던 삶에 대한 회고록인 『파리는 날마다 축제』에 처음에는 '손톱 깨물기', '어릴 때의 눈과 귀' 혹은 '당신이 있을 때 세상은 얼마나 달랐는지' 등의 제목을 붙이려고 했다.

슈발은 1924년에 사망했는데, 그해는 초현실주의 선언이 처음 등장한 해이기도 했다. 그러니 한 우편배달부가 세운 궁전이 무의식과 꿈의 세계를 탐험하고자 했던 화가와 작가 들의 순례지가 되었다는 사실은 하등 놀라울 게 없었다. 초현실주의의 창시자인 앙드레 브르통 André Breton이 1930년에 오트리브를 찾아왔다. 그 후 도로시아 태닝Dorothea Tanning과 함께 막스 에른스트Max Ernst가 이곳

COCO PEINTRE DU FACTEUR CHEVAL
EXPOSITION HAUTERIVES ETE 1987

우편배달부 슈발을 그린 초상화

을 방문했는데, 그가 콜라주 기법으로 만든 〈우체부 슈발 Le Facteur Cheval〉은 오늘날 구겐하임의 박물관에 소장되어 있다. 파블로 피카소는 1937년 이곳을 방문한 후 목탄으로 된 대형 데생 작품을 남기고 설명을 덧붙였다. "우체부 슈발, 우리의 형제여. 당신은 죽지 않았습니다. 오트리브에 궁전을 만들었던 것처럼 우리를 위해 돌 침대를 만들어 주오!" 1937년, 슈발이 세상을 떠난 지 13년 만에 뉴욕현대미술관에서 열린 알프레드 J. 바Alfred J. Barr의 획기적인 전시회 〈판타스틱 아트, 다다, 초현실주의Fantastic Art, Dada, Surrealism〉의 카탈로그에 슈발이 만든 건축물이 남긴 사진이 대거 등장함으로써, 점점 더 많은 방문객이 오트리브를 찾아오기 시작했다. 거트루드 스타인Gertrude Stein은 이 궁전을 '아름답고, 비범한 공간'이라고 묘사했다. 그 후 수십 년 동안 장 팅겔리, 니키 드 생 팔르, 수전 손택을 포함한 많은 예술가가 이 궁전에 열광했다.

1969년, 작가이자 모험가였던 앙드레 말로André Malraux는 당시 프랑스의 문화부 장관으로서 꿈의 궁전을 역사적 유산에 등재하기 위해 부단히 노력했다. 꿈의 궁전의 상태가 계속해서 퇴락하고 있었으므로 이를 구원할 수 있는 유일한 방법은 전반적인 수리밖에 없었다. 말로는 슈발의 건축물을 독창적이고 독특한 업적이자 독학자의 아르 브뤼Art Brut(사회적 소외 계층이 만들어 낸 '아웃사이더들의 예술'을 칭한다-옮긴이)의 완벽한 전형이라며 극찬했다. 결국 꿈의 궁전을 문화유산으로 보존하는 조치를 시행하는 데 성공했지만, 말로는 꿈의 궁전을 '말할 수 없이 역겨우며' '멍청이의 광기로 이루어진 처참한 돌무더기'라고 폄하하는 문화부 내부의 목소리에 맞서 스스로를 방어하느라 진을 빼야 했다.

오늘날 꿈의 궁전이 2천 명도 채 살지 않는 오트리브 마을에 매년 10만 명 이상의 관광객을 끌어들이는 관광 명소가 되었음은 하나도 놀라운 일이 아니다. 슈발의 옛 채소밭은 20세기 후반부터 솟아오르기 시작한 흉측한 건물들과 흘러넘치는 관광객을 통제하고 그의 예술품을 무료로 감상하려는 불청객을 막기 위해 설치된 벽으로 둘러싸여 있다. 이곳에 오려면 아이스크림 가게부터 부동산 업소까지 인간이 상상할 수 있는 온갖 종류의 물건을 팔고 있는, 쓰레기 같은 거리를 지나야만 한다. 궁전 부동산, 궁전 극장, 궁전 미용실, 궁전 피자, 궁전 선물 가게 등등…….

이 시끌벅적함은 언젠가는 사라지겠지만 슈발의 궁전은 언제나 그곳에 남아 있을 것이다. 인간의 상상력과 끈기를 보여 주는 문화유산을 보고 난 이후에는 가게와 관광버스를 얼른 벗어나는 것이 상책이다. 큰길을 벗어나자마자 들판이 나온다. 거기서 슈발의 묘지까지는 그리

멀지 않다. 애도객이 아니면 찾아오는 사람이 없는 곳이다. 그곳에서 슈발은 10년을 더 일했다. 궁전을 완성하고 나서 88세의 나이로 죽을 때까지, 그는 그곳에서 가족을 위한 묘지를 만들었다. 그리고 '침묵과 영원한 평화의 공간'이라는 문구를 그곳에 남겼다. 꿈의 궁전 안에 자신의 마지막 안식처를 마련하게 해 달라는 슈발의 요청을 당국이 거절한 후에 그가 찾아낸 새로운 안식처였다. '시간은 지나가지 않지만, 우리는 지나간다.' 슈발이 무덤의 동쪽 정문 앞에 새겨 놓은 문장이다.

오트리브로 돌아가는 길에서 강변 근처의 옥수수 밭을 지나다 보면 우체부가 주워 왔던 것과 비슷한, 땅속에 헐겁게 박혀 있는 돌멩이들을 볼 수 있을 것이다. 관광객이 주워 와 자기 집 책상 위에 올려놓은 그 돌멩이에는 단 한 사람이 해 낸 그 모든 일에 대한 기억이 깃들어 있다.

타임캡슐

ZEITKAPSELN

1880년대 초, 한 남자가 일요일 아침에 파리의 거리를 거닐다가 골동품 가게에서 가구 한 점을 발견했다. 17세기 이탈리아 작품을 동경했던 그는 딜러와 가격을 합의한 끝에 가구를 사서 집으로 가져온다. 어느 날 저녁, 가구 뒷면의 숨어 있는 공간을 찾아낸 그는 그 속에서 황금색 띠로 묶여 있는 많은 금발을 발견한다. 청년은 바로 그 자리에서 머리카락 다발과 사랑에 빠졌는데, 그 순간부터 한시도 마음의 평화를 얻을 수 없었다.

기 드 모파상Guy de Maupassant의 단편 「머리카락」은 정신질환자의 고백이다. 그가 정신 병원에서 의사에게 털어놓는 얘기를 통해 독자는 강박증에 사로잡힌 남자의 일기장을 읽는 듯한 생생한 체험을 하게 된다. 다행히도 모파상의 단편 속 주인공처럼 시간증屍姦症적 성향을 가진 사람은 극소수이지만, 대부분의 사람들이 과거에 집착한다는 사실은 부인하기 어렵다. 우리가 과거의 시간과 직접 마주칠 때 더욱 그러하다. 해변에 밀려온 병 속의 편지나 책 속에서 수십 년 된 메모를 우연히 발견한 사람은 난파선의 보물 사냥꾼들이나 난파선을 최초로 발견한 사람만큼이나 하고 싶은 말이 많을 것이다.

우연의 일치인지는 모르겠지만, 타임캡슐에 대한 관념, 다시 말해 '물건이나 기록을 일부러 골라서 용기에 넣고 얼마간 시간이 흐른 후에 다시 개봉한다'는 관념은 은밀한 장소에 보관된 머리카락의 아름다움에 대한 모파상의 소설이 발표된 18세기 말에 생겨나서, 그 이후로도 세계적으로 인기를 끌고 있다. 일례로 1939년 뉴욕에 있는 한 공원의 15미터 지하에 묻어 놓은 타임캡슐은 6939년에야 개봉하기로 약속돼 있다. 누구든 그 통을 여는 사람은 다음과 같은 문장으로 끝나는 아인슈타인의 편지를 읽게 될 것이다. "미래에 대해 생각하는 사람이리면 누구든 두려움과 공포 속에서 살아야 한다." 아인슈타인이 이 문장을 쓴 때는 바야흐로 제2차 세계 대전이 시작될 무렵이었다. 미국의 교육학자 손웰 제이콥스Thornwell Jacobs는 아틀란타의 오그너돌프대학에 온갖 일상적인 사물들로 이루어진 '문명의 교정'을 만들었는데, 이곳의 문은 8113년에야 개방될 수 있도록 정해져 있다.

하지만 때로는 우연이 이런 모든 규칙을 무시하고 과거의 기록들을 우리 앞에 가져다주기도 한다. 1955년 맨해튼 남부의 퓰리처 월드 빌딩이 철거될 때 구리 상자 하나가 발견되었다. 뚜껑에는 1889년 10월 10일이라는 날짜가 적혀 있었다. 여기에는 지금까지 알려진 바로는 거의 최초로 인간의 음성을 녹음해 놓은 왁스 실린더도 포함되어 있었다. 이 이 녹음 속의 뉴스 아나운서는 거의 3분에 걸쳐 캐나다와 미국 그리고 일본까지 이어지는 그해의 자연재해에 대한 소식을 전해 준다. 이들은 또한 야구 경기에 대해 이야기를 나누기도 했다. 그중 한 사람이 살짝 어설프지만 비장한 어조로 에드거 앨런 포Edgar Allan Poe의 시 「까마귀The Raven」의 첫 번째 연을 낭송했다. 다음번 세계 박람회는 시카고가 아니라 뉴욕에서 열릴 것이라고 예측하는 목소리도 있었다. 하지만 그로부터 1년도 채 지나지 않아 미 의회는 박람회 장소를 시카고로 결정했는데, 이걸 보면 타임캡슐에 포함된 예언의 적중률이 상당히 낮다는 점을 확인할 수 있다.

1960년대 말 구소련에서 만든 수많은 타임캡슐 상자도 이런 점에서 예외가 아니다. 당시 화성에 우주 탐사대를 보냈던 소련인들은 반세기 후 상자 속의 문서를 꺼내 읽을 때쯤이면 이미 전 세계가 공산주의화되어 있을 것이라고 예측했다. 1967년 노보시비르스크Novosibirsk에 묻었다가 50년 뒤인 2017년에 러시아 혁명 100주년을 맞아 예정대로 개봉한 타임캡슐에는 인류가 이미 외계 문명과 문화적·과학적으로 교류하고 있지 않을까 하는 기대가 듬뿍 담겨 있었다.

점점 더 많은 타임캡슐에 동전과 편지, 오래된 신문을 비롯하여 온갖 종류의 잡동사니와 거짓된 정보를 채워

넣는 흐름을 차단하기 위해 국제 타임캡슐 협회는 1990년부터 전 세계적으로 통용될 수 있는 타임캡슐 지침을 만들기 위해 애써 왔다. 그리고 1999년에 『뉴욕 타임스』는 '타임캡슐 만드는 법'이라는 기사를 통해 이 주제를 진지하게 다루었다. 좀 더 정확하게 말하자면 정보 매체에 정보를 저장하는 일에 경고를 날린 것이다. 과연 미래에 어느 누가 CD-ROM을 해독할 수 있다는 말인가! 모든 정보가 마우스 클릭 한 번으로 손에 들어올 수 있는 오늘날, 우리는 분명 전 세대보다는 더 많은 정보를 후대에 남길 수 있을 것이다. 그러나 인터넷 선구자들은 전자 매체에 저장된 정보를 우리 후손들이 해독하지 못하는 '디지털 어둠의 시대'가 도래할 수도 있다고 거듭 경고한다.

디지털 저장에 대해 전혀 관심을 두지 않았던 한 사람이 있었다. 그는 1974년부터 1987년에 자신이 사망할 때까지 수십만 개의 문서와 물건을 TC 1에서 TC 610까지 분류해 600개가 넘는 판지 상자에 보관해 놓았다. TC라는 글자는 다름 아닌 타임캡슐Time Capsule의 약자였고, 그 주인은 바로 앤디 워홀Andy Warhol(미국의 시각주의 예술 운동의 선구자로, 팝 아트로 잘 알려진 예술가-옮긴이)이었다. 발톱과 음식물 찌꺼기, 팬레터와 영화배우 클라크 게이블Clark Gable의 구두, 사용한 콘돔, 아동 도서와 벨트 버클, 사진 부스에서 찍은 사진, 팬레터, 포르노, 우편 광고

물, 사탕 포장지, 전단, 문구류, 손목시계, 심지어는 인스턴트 수프 캔까지. 2014년 한 익명의 입찰자가 앤디 워홀이 남긴 마지막 타임캡슐을 여는 특권을 부여받기 위해 약 3만 달러(약 3,550만 원)를 지불한 것을 보았다면 앤디 워홀은 무척 기뻐했을 테다. 결국 그의 말대로 '훌륭한 사업이야말로 가장 뛰어난 예술이다.'

워홀의 상자에 비하면 보존 상태가 그리 좋지는 않지만, 1946년에 베두인족 양치기가 사해의 북서쪽, 유대인 사막 지역에 있는 쿰란Qumran 동굴에서 처음 발견한 밀봉된 진흙 항아리도 뛰어난 타임캡슐이다. 그 속에는 예수가 태어나기 전후에 쓰인 초기 성서 및 성서 이외의 글들을 포함하여 수백 권의 다양한 원고들이 파편의 형태로 보존되어 있었다. 기원전 7세기경에 쓰인 세상에서 가장 오래된 성서도 작은 은색 두루마리 형태로 묻혀 있다가 1979년에야 옛 예루살렘의 남서쪽에 있는 무덤이 발굴되면서 세상에 공개되었다.

중요한 역사적 의미를 담고 있는 무덤은 러시아의 마트료시카 인형처럼 겹겹이 시간을 담고 있는 타임캡슐 같다. 투탕카멘의 묘실이나 인도네시아 토라자Toraja의 조상 숭배 풍습에는 우리 문명의 특정 시기를 이해할 수 있는 중요한 열쇠가 들어 있다. 또한 성서의 전승은 200여 년 이상 고문서나 기록을 보관해 온 게니자Genizah 전통에 따라 전해진 유대인의 『탈무드』에 힘입은 바가 크다. 프레데릭 키슬러Frederick Kiesler와 아르망 바르통Armand Barton 이라는 두 건축의 거장이 지은 예루살렘 이스라엘 박물관에는 1960년부터 쿰란의 두루마리가 보관되고 있는데, 고서적과 문서를 위해 세워진 이 훌륭한 사당이 사막의 동굴 속 진흙 항아리가 수천 년 동안 그랬던 것처럼 옛 문서들을 잘 보관할 수 있을지는 확실치 않다. 미래에 대한 온갖 예언처럼 말이다. 특히 오늘날처럼 변덕스러운 세상에서는 미래를 바라보기가 더욱 어려워졌다.

할버슈타트의 존 케이지
JOHN CAGE IN HALBERSTADT

존 케이지의 「ASLSP」가 연주되고 있는 부르하르디 수도원(할버슈타트)

아침 일찍 베를린에서 할버슈타트Halberstadt행 열차를 타려면, 중앙역에서 포츠담과 브란덴부르크를 거쳐 노르트다이히 몰레Norddeich Mole로 가는 인터시티 열차를 타고 마그데부르크에서 갈아타야 한다. 거기서부터 헥스HEX라는 하르츠-엘베 간 특급열차를 타고 이동한다. 기차 안의 전단지 속에는 웃음 가득한 얼굴로 철도 직원이 '비할 수 없이 싼' 1.5유로짜리 롤빵과 1유로짜리 하리보 젤리를 주문하면 좌석까지 서비스해 준다며 유혹한다. 이 기차 여행은 도덴도르프Dodendorf와 오셰르슬레벤Oschersleben을 지나가는 베를린에서 마그데부르크 사이의 노선만큼이나 평이하다. 초원과 들판, 여기저기 흩어져 있는 사냥꾼들의 막사, 게임 속에 등장하는 것 같은 선로와 하늘 위를 가로지르는 비행기가 만들어 내는 구름, 풍경의 일부를 차지한 풍력 발전기들……. '내릴 때 승강장이 높을 수 있으니 주의하세요.' 할버슈타트에서 기차와 작별한다.

중앙역에서 올드타운으로 이어지는 3킬로미터의 거리는 전반적으로 황량해 보인다. 걷다 보면 로컬 소시지 공장과 파키스탄과 인도 음식뿐 아니라 '도너 피자'나 파스타, 샐러드를 파는 '솔로 푸드'라는 이름의 패스트푸

드 레스토랑이 눈에 들어온다. 힌터 뎀 리히트하우제Hinter dem Richthause 골목에는 '로맨틱 거리'라 불리는 길이 있는데, 입구부터 거대한 벽면 광고가 좌우로 사람들을 맞이한다. 왼쪽에는 비트버거 필스 맥주 광고와 열네 개의 볼링 레인과 당구대, 에어컨을 갖춘 하르츠 볼링장 광고가 보인다. 오른쪽의 할버슈타트 주택 건설 회사 광고판에서는 행복해 보이는 소녀가 소파 위를 뛰어오르고 있다. 할버슈타트는 세상의 관문이 되기보다는 '하르츠의 관문'이 되기를 원한다! 한때는 폭격 당하고, 이제는 재정난에 시달리는 궁핍한 도시의 모습이다. 마침내 여러 방향을 가리키는 표지판이 등장한다. 구시가지와 성당 광장과 박물관, 관광 안내소와 화장실이 어디쯤인지 알리는 이정표, 그리고 영어와 독일로 동시에 쓰인, 느낌표가 뒤섞인 '세계에서 가장 긴 음악—639년! 존 케이지John Cage의 부르하르디Burchardi 교회 오르간 아트 프로젝트'라고 적힌 간판이 보인다.

대도시에서와 마찬가지로, 작센안할트주州의 수도인 이곳에서도 절대 고요의 작은 창문은 간혹, 매우 드물게만 열린다. 그것이 열리는 순간 곧바로 알아차릴 수 있다. 갑자기 도로 위에 어떤 소리도 들리지 않는 것이다. 경적 소리도, 공사 소음도, 망치질 소리도, 사람을 부르는 소리도, 선회하는 헬리콥터 소리도 들리지 않고, 새들의 지저

큄도 항공기 소음도 없다. 그때가 언제든 아무런 상관이 없다. 절대로 몇 초 이상 지속되지도 않는다. 실제로 나는 구시가지 북쪽을 흐르는 보데Bode강의 작은 지류인 홀테메Holtemme강 위로 놓인 도보자용 다리를 건너기 직전에 그 순간을 맞이했다. 고요한 강물을 따라 나 있는, 짙푸른 수풀로 둘러싸인 '시인의 길'이란 이름의 좁은 자갈길 한가운데서였다.

부르하르디 수도원의 낡은 회랑 문을 열고 들어서면 절대적 평온은 다시 끝이 난다. 멀리서도 무슨 일이 벌어지고 있는지 분명히 볼 수 있다. 기대하고 늙은 밤나무에서 멀지 않은 안뜰에는 지역 폐기물 관리 센터 소유의 화물차가 서 있다. 그 위에는 사람 몸통만 한 쓰레기통이 어지럽게 널려 있다. 한쪽에서는 유압식으로 쓰레기를 거두고 쏟아내는 소리, 다른 한쪽에서는 회전톱 소리와 석공의 망치질 소리가 들려온다.

방문객은 교회 저택의 벨을 울려야 한다. 그 벨소리는 뒤이어 전자문이 열리는 소리보다 더 작다. "저와 함께 가시지요." 존 케이지 재단 소속 직원의 말에 따라 작은 교회로 이어지는 짧은 길을 걷는다. 낡은 목조 문이 보이고 직원은 커다란 열쇠를 넣어 문을 연다. 19세기 초에 세속화된 이후로 교회는 군 병원이나 창고, 양조장, 헛간, 돼지우리, 증류소 등으로 사용되어 왔다. 그리고 지금은, 또

「Organ2/ASLSP」이 연주되고 있는 오르간

일이 순조롭게 진행된다면 앞으로도 6세기 동안, 무정부
주의자이자 미국의 아방가르드 작곡가인 존 케이지의 음
악적 고향이자 순례지로 주목받을 것이다. 2001년 이후,
과거 시토 수도회에 속한 부르하르디 교회의 로마네스
크 양식 벽 앞에서 그가 작곡한 오르간 음악곡 「Organ2/
ASLSP[최대한 느리게As SLow aS Possible]」가 연주되고 있
다. 1987년에 무작위적 음조로 편집된 이 오르간 음악
이 할버슈타트에서 공연되는 기간은 무려 639년에 달한
다. ASLSP 연주에 대한 케이지의 지시는 음악 제목과 같
이 '가능한 한 느리게'다. 2001년부터는 교회의 텅 빈 신
도석에 들어서는 사람은 누구나 영구적인 화음 속에서 모
든 것을 감싸는 듯한 진동과 흔들림에 둘러싸이게 됐다.
ASLSP 오르간의 건반 위에는 모래주머니가 매달려 있고
밸브는 열려 있으며, 조용한 압축기가 오르간 파이프를
위해 공기를 빨아들인다.

케이지의 ASLSP 외에도 머나먼 미래를 위해 준비된
음악들이 더 있다. 이미 1999년 초에 롱플레이어Longplayer
가 연주를 시작했는데, 이것은 컴퓨터 알고리즘과 티벳의
싱잉볼Singing Bowl(티벳에서 명상에 사용하거나 명상의 시작
과 끝을 알리는 소리를 낼 때 사용되는 둥근 그릇-옮긴이)
이 결합된 곡이다. 이는 영국의 작곡가 젬 파이너Jem Finer
의 작품으로, 2999년 말에 한 곡이 완성되고 그 후로 다

시 영원히 반복될 예정이다. 우리는 이 음악을 라이브 스트리밍이나 앱을 통해 전 세계 곳곳에서 들을 수 있다.

현재 할버슈타트의 존 케이지 재단 공식 홈페이지에서도 누구나 다섯 개의 중첩된 음조를 약 1분 동안 들을 수 있다. 또한 재단은 사람들에게 특별한 선물이 될 만한 아이디어를 내놓았다. "2000년과 2640년 사이의 소리의 해를 놓치지 마세요. 약 1,200유로(약 155만 원)를 지급하면 당신이 선택한 글귀가 들어간 금속 명판이 부르하르디 교회에 놓입니다." 이미 전 세계의 수많은 사람들이 신청했다. 고양이들이 그림자에게조차 방해 받지 않는 평화와 안전을 찾기 위해 로마에 있는 개신교 공동묘지의 세스티우스 피라미드 주위에 수 세기 동안 모여든 것처럼, 교회 내부 벽면에 놓인 오르간 둘레에 눈높이로 설치된 철판 위에는 이미 상당한 수의 금속 명판이 설치됐다.

영화 〈혹성 탈출〉의 인용문부터 달 착륙 400년 기념판, 밥 딜런의 노랫말, 짐 모리슨, 리하르트 바그너의 오페라에 나오는 대사……. 그 모든 것이 금속 명판에 담겨 있다. 2149년은 괴테의 탄생 400주년이 되는 해다. 금속판 기증자인 발터 쉬퍼는 괴테의 『서동시집』 속 문구를 판에 새겨 넣었다. "지난 3천 년에 관해서 스스로에게 해명할 줄 모르는 사람은 깜깜한 어둠 속에서 아무런 경험도 하지 못한 채 머물면서 하루하루를 살아갈 것이다."

2185년에는 슈메토Schmettow 가문의 일곱 명이 요한 제바스티안 바흐Johann Sebastian Bach의 500번째 생일을 축하하기로 되어 있다. 1년 후인 2186년에는 '1986년 체르노빌 원전 사고의 시작'을 기념하기로 되어 있다. 2376년에는 '미래는 과거에 더 아름다웠다'라는 문장과 함께 칼 발렌틴Karl Valentin(1948년 2월 9일에 사망한 바이에른의 코미디언, 카바레 연주자, 광대, 작가 및 영화 제작자. 독일의 찰리 채플린으로 불렸다.-옮긴이)의 빛나는 업적을 기념하게 될 것이다. 2575년에는 '600년의 사랑'을 기념하고, 2583년에는 의사 겸 식물학자인 요한 탈Johann Thal의 사망 1,000주년을 기념한다. 기젤라 슈미츠, 하인리히 마스를 비롯한 열두 명의 자율 학습 세미나 참가자들은 '여기 스스로 경험하기 위하여, 움직이고 정지하고 고요하게 호흡하고 듣고 보고 느끼기 위하여'라는 좌우명을 새긴 후 2638년에 기념하도록 했다. 소리가 마지막으로 바뀌는 2640년에는 마르기트와 파울 두 사람이 자신들의 인터넷 주소 www.as-slow-as-possible.de를 기념하는 것으로 스스로를 불멸의 자리에 올려놓았다.

다음 음이 바뀌는 때는 7년 후인 2020년 9월이다. 교회 오르간 소리는 멀리까지 울려 퍼지고 있어서 정확히 어디에서 소리가 비롯되는지 구별하기 어렵다. 눈을 감거나 눈을 한곳에 고정시키고 소리 속에 자신을 맡기면 무중력 속에서 세상과 분리된 듯한 느낌이 든다. 소리가 영원의 문을 여는 것이다. 밤중에 플렉시글라스로 된 오르간 뚜껑이 오르간 위로 미끄러진 듯 끊임없이 계속되는 소리. 이웃들은 누군가 차의 경적을 누른 채 잠든 것 같다며 불평하기도 했다.

케이지의 음을 오래 듣고 있노라면 세상 모든 음과의 연관성과는 작별을 고하게 된다. 그 소리는 앵무조개 위에서 네모 선장이 연주하는 수중 오르간 소리와도, 오페라의 유령이 사랑하는 여성 가수 크리스틴 다에가 그의 머리에서 가면을 벗기기 직전에 그가 누르는 피아노 건반 소리와도, 그리고 마지막으로 허버트 조지 웰스Herbert George Wells의 『타임머신』을 원작으로 한 영화 〈타임머신〉에서 육식성 몰록족이 802701년에 엘로이에게 지하 동굴 설치를 명령하면서 틀어 놓는 최면성 경보 사이렌 소리와도 연결되지 않는다. 그나저나 802701년은 케이지의 오르간 연주가 끝난 지 이미 80만 년 이상 지난 시간이기도 하다. "이 곡이 끝나기 전에 세상이 먼저 끝날 것이라고 나는 장담한다." 리차드 클리포드Richard Clifford는 웰스의 관점에 반항이라도 하듯 최근에 바뀐 소리를 담은 유튜브의 오르간 영상 클립 아래에 다음과 같은 댓글을 달았다. 누군가는 그 밑에 다시 댓글을 달았다. "리차드, 세상은 한동안은, 적어도 예측 가능한 미래에는 종말을 맞이하지 않을 거예요. 다만 지금을 살아가는 사람들의 시간은 곧 끝나겠지요."

집으로 돌아오는 길에 수도원의 벽 쪽으로 시선을 되돌려 보았다. 돌 위에 돌을 쌓아 올린 수도원 건물은 이미 ASLSP가 영원히 침묵하는 데 걸리는 639년이라는 세월보다 200년 이상 더 오래 그 자리에 서 있어 왔다. 몇 시간이 지나 베를린 중앙역으로 돌아오는 열차에서 나는 케이지뿐만 아니라 온 인류를 위해, 특히 나를 위해 기도했다. 모든 일이 잘되고 행운이 가득하기를.

관심 경제
AUFMERKSAMKEITSÖKONOMIE

2005년에 스티브 잡스가 스탠포드 대학 졸업생들 앞에서 한 연설을 촬영한 영상은 수천만의 조회수를 기록했다. 이 연설에서 잡스는 자신이 미국 서부 해안 지역 포틀랜드의 리드Reed대학을 다닌 지 6개월 만에 중퇴하고도 1년 반을 여전히 캠퍼스에서 보낸 이야기를 했다. 등록도 하지 않은 채 캘리그래피 수업을 청강한 것은 순전히 우연이었다. 그는 세리프 활자나 활자체에 대한 연구에 매료되었지만 그것으로 무엇을 할지 혹은 새롭게 얻은 지식을 어디에 활용할지는 전혀 알지 못했다.

하지만 10년이 지나고 나서 마침내 활용할 수 있는 기회가 왔다. 잡스가 1980년대 초 처음으로 매킨토시를 디자인할 때, 그가 배운 전문 지식이 디자인과 타이포그래피 분야에서 큰 힘이 되었다. 애플의 모든 제품에서 디자인과 미학적 요소는 이 기술 기업이 믿을 수 없는 성공을 거두게 한 필수적인 요소다. 애플은 2018년 8월 뉴욕 증권거래소에 상장된 기업 중에서 1조 달러(약 1,161조 원) 이상의 가치를 지닌 최초의 회사가 되었다.

2005년 스티브 잡스가 말한 리드 대학에서의 시간은 정확히 반세기 전에 에르빈 파노프스키Erwin Panofsky가 보낸 시간과 비견할 만하다. 나치로부터 탈출하여 독일에서 이주한 이 미술사학자가 쓴 『시각 예술의 의미』는 미술사의 표준이 된 저서로 1955년에 출판되었다. 이 책의 에필로그에서 그는 우리 속에 불을 지피는 것은 특정한 세미나의 미리 정해진 책이 아니라 "에라스무스나 스펜서, 단테 혹은 14세기의 정체를 알 수 없는 작가가 쓴 한 구절이다."라고 썼다. 혹은 우연히 참여하게 된 캘리그래피 수업일 수도 있다. 파노프스키는 다음과 같은 말을 남겼다. "당신이 있어서는 안 될 곳 혹은 아무 상관없는 곳이 보물을 찾을 수 있는 바로 그곳이다."

여기서 프린스턴 교수가 하려는 말은 소셜 미디어의 관심 경제Aufmerksamkeitsökonomie(맞춤형 뉴스, 추천 상품 알림처럼 개별 고객이나 특정 집단의 관심에 맞추어 제품이나 서비스를 제공함으로써 소비자를 유인하는 시장을 형성하는 경제 활동—편집자)에 대한 것이 아니라 다람쥐 쳇바퀴 같은 일상을 벗어나 잠시 멈추고 집중할 수 있는 시간에 대한 것이다. 사실 '잠깐만요'라거나 '짧은 질문 하나만 할게요'라고 정중하게 시작하는 동료의 말은 크게 방해가 되는 건 아니지만 그것이 지나치게 자주 반복되면 집중하기 어려워진다. "1분만 시간 내줄래?" "잠깐 귀찮게 해도 될까?" "잠깐 당신이 필요해요." 온라인상의 끊임없는 끼어들기는 아날로그 작업 환경에 엄청난 산만함을 가져왔다. 소셜 미디어와 스카이프, SMS, 이메일과 왓츠앱 및 기타 인스턴트 메신저 서비스, 화상 회의 및 전화, 고속 메일과 회의를 겸한 점심 식사……. 다른 무엇과 동기화된 약속들이 우리를 전 세계적으로 하루 24시간, 일주일에 7일간, 언제 어디서고 연결하고 있다. 전신 타자기나 전보 그리고 팩스는 훨씬 더 효율적이고 빠른 기술로 대체된 지 오래다. 한때 두 배 속도의 노동을 요구하며 노예들에게 채찍질을 했다면, 현대에 와서는 2016년 건강보험 재단에 의하면 독일의 회사원 열 명 중 아홉 명이 직장 생활을 하면서 압박과 스트레스를 받는다고 한다. 이는 종종 무의미한 활동을 하고 있다는 자괴감과 함께 아무것도 제대로 성취하지 못한 듯한 불만족감을 하루의 끝에 선사한다. 하루를 통틀어 완벽하게 방해받지 않은 휴식을 취할 틈이 잠시도 없었기 때문이다.

특히 사생활과 직업 생활에 분명한 구분이 없는 경우에는 자유 시간도 그리 홀가분하지 않다. 소셜 네트워크를 통해 최적화된 자아 브랜드를 전시하고자 하는 허영심의 메아리가 능력과 성취에 대한 압박을 점점 키우고 있는 것이다. 소셜 미디어의 데이터 수집기는 오락과 재미 요소를 통한 시선 끌기와 주의력 흩뜨리기를 사업의 기반으로 삼고 있는데, 비평가들은 이를 게임 기계와 비교하기도 한다. 실리콘 밸리의 빅 파이브라고 불리는 페이스북과 아마존닷컴, 마이크로소프트, 구글의 모회사인 알파벳, 애플은 잠재적인 고객을 찾기 위해 끊임없이 관심 끌기 경쟁을 벌이고 있다. 이에 따라 이들 기업이 개발한 서비스 알고리즘은 항상 인간의 욕구를 즉각적으로 충족시키고 즐거움을 선사하겠다는 약속을 바탕으로 온갖 소망과 자극, 본능에 충실히 복무한다.

실리콘 밸리의 많은 개척자들은 인터넷 시대에 만연한 시간의 분절화를 대인 관계뿐만 아니라 우리 사회에 심각한 위협으로 간주하고 있다. 예를 들어, 기술 혁신의 스승이라 할 수 있는 제론 레니어Jaron Lanier는 베스트셀러가 된 자신의 책에서 데이터 오용과 어리석은 실수, 조작과 감시를 피하려면 당장 모든 온라인 계정을 탈퇴해야 한다고 말한다. 수년 동안 실리콘 밸리의 양심 역할을 해왔던 전직 구글 직원 트리스탄 해리스Tristan Harris는 '인도적 기술 센터Center for Humane Technology'와 부설 비영리 단체인 '타임 웰 스펜트Time Well Spent'를 통해 우리가 과도한 관심을 요구하는 환경을 어떻게 탈출하고 극복할 것인지 대해 실질적인 조언을 제공해 왔다. 팝업 창이나 푸시 알림 줄이기, 스마트폰을 흑백 모드로 전환하기, 거대 기술 기업체에게 윤리 규정을 따르도록 요구하기 등, 자잘한 실천을 통해서 우리는 레니어나 해리스가 결코 혼자가 아니라는 사실을 일깨울 수 있다.

이렇게 디지털 문화에 저항하는 이들은 그 자체로 하나의 계급을 이룬다. 소아과 의사나 심리학자와 같은 전문가들은 기술화로 인해 우리 사회의 응집력이 침식될 위험을 지적한다. 지나친 디지털화가 우리 사회에 거대한 중독증을 불러올 수 있음을 의심하는 사람은 아무도 없다. 애플 창업자인 스티브 잡스와 애플의 CEO인 팀 쿡이 자녀와 조카들의 소셜 미디어 이용 시간을 완강히 제한해 자신들이 만든 제품조차 맘껏 쓰지 못하게 한 것도 바로 이 때문이다. 아이러니하게도 실리콘 밸리에서는 다음 세대에게 스마트폰의 사용을 엄격하게 금지하고 있다.

'진정한 발견은 의외의 곳에서 이루어진다'는 파노프스키의 성찰은 평생 교육의 필요성과 자유로운 교육 방식을 옹호하며, 인문학을 교육의 틀에 묶어 두려는 시도에 반대한다. 인문학은 유용성이 부족하다는 이유로 항상 비웃음을 받아 왔지만 최근에는 경영 관리자들이 느린 경영과 사회적 기술, 그리고 부드러운 리더십 등에 관심을 보이면서 경제계에서도 관심의 대상이 되고 있다. 인문학과 출신의 졸업생들은 수천 년 동안 전승된 문학이나 철학의 세계를 습득하면서 공감 능력을 키운다. 칸트의『순수이성비판』을 내면화했거나 도스토옙스키 소설 속 주인공들이 흘리는 눈물의 의미를 이해하고, 시스티나 성당에 그려진 미켈란젤로의 프레스코화가 지닌 기독교 우화의 의미를 체득한 사람은 내면의 열정에 귀를 기울일 줄 아는 사람이다.

그게 아니라면 뭐겠는가? 사실 경제학이나 경영학 혹은 법을 공부한 사람들도 그것이 현명한 길이라는 부모님의 말에 따라 선택한 것이 아니라 의식적으로 용기 있는 선택을 한 것이다. 그 끝이 불안정한 프롤레타리아 생활일지라도 말이다. 정말로 자신이 사랑하는 일을 하는 사람만이 뛰어난 무언가를 창조할 수 있다. 그 능력은 다시 고용 시장에서 높은 기준과 본질적 동기 부여, 책임감과 의사 결정의 부가 가치 등으로 거래된다. 물론 인문학에 대한 경제계의 기대는 과장되거나 의심스러운 점이 없지 않다. 그러나 어떤 역경에도 불구하고 긴 호흡과 집중력을 보여 줄 수 있는 사람은 지나치게 짧은 현대의 유행에 강한 면역력을 가지고 있음이 분명하다.

식탁에 오르는 것들
WAS AUF DEN TISCH KOMMT

어린 시절에 들었던 말을 수십 년 동안 의심의 여지없이 받아들이는 경우가 많다. 그 말들은 우리 안에서 법이 되어 군림한다. 페오도라 초콜릿 하나로 우리에게 즐거움을 주고자 했던 어릴 적 이모의 말을 떠올려 본다. "초콜릿을 먹을 때 절대로 조각내지 말고 씹어 먹지도 마. 좋은 초콜릿은 천천히 빨아 먹어야 제 맛이란다. 그래야 맛이 입안에 한가득 퍼질 수 있거든. 최대한 길게, 매 순간을 즐기라고!"

나는 20년이 지난 후에야 즐거움은 정확하게 그 반대임을 깨닫는다. 즐거움에 대한 갈망은 만족을 모른다는 것을. 또한 우리 인간은 탐욕 덩어리이며, 욕망이 채워지지 않고 느닷없이 끝날 때 비로소 즐거움의 날개가 활짝 펼쳐진다는 것을 말이다. 한순간이나마 모든 것을 온전히 가질 수 있다고 자신을 믿게 만드는 데 성공한다면 말이다. 다시 페오도라 초콜릿의 경우를 예로 들어 보자. 초콜릿을 단 한 조각도 남기지 않고 입에 가득 넣음으로써, 더 이상 남은 게 없다는 사실이 확실해지고서야 카카오와 당분이 입안 전체에 퍼지는 단 한 순간의 순수한 희열을 맛볼 수 있다.

매 순간을 살아가기보다 언제나 종말을 생각하는 사람은 과연 자신의 삶을 온전히 즐길 수 있을까? 이런 맥락에서 보자면 적어도 요리 분야에서만큼은 옳고 그름을 구별하지 않았던 것 같다. "어째서 트림을 하거나 방귀를 뀌지 않는가? 그렇게 맛이 없었단 말인가?"라는 마르틴 루터의 말이 중세 후기의 실제 식습관이 아니라 과장된 소문일지는 몰라도, 적어도 이 교회 개혁가가 당시 음식을 먹을 때 주로 손을 사용했다는 사실은 잘 알려져 있다. 현재의 형태와 같은 포크를 사용한 것은 18세기 중반 이후부터였다. 20세기 초까지 음식점에는 침 뱉는 그릇이 구비되어 있었다. 마르코 폴로가 13세기 말에 러시아의 저녁 파티에서 목격했다는 관습 역시 분명 오래전에 사라진 것이다. 요즘 같으면 곧바로 화장실을 이용했겠지만 당시에는 저녁을 먹는 식탁 아래에서 하녀들이 스펀지로 오물을 훔쳐 냈다고 한다.

　　식사 예절도 변화한다. 영국의 유명 요리사 헤스턴 블루먼솔Heston Blumenthal은 2011년 영국의 하이드 파크에 위치한 만다린 오리엔탈 호텔에 세계에서 가장 유명한 5성급 최고급 레스토랑을 열었다. 여기서 사람들은 나이프와 포크로 식사를 하고, 냅킨을 무릎 위에 놓는다. 레스토랑 곳곳에 화장실이 설치되어 있다. 비록 서빙되는 요리는 수백 년 된 전통 음식에서 영감을 받았다고 할지라도 말이다. 헤스턴은 자신의 레스토랑에 '디너Dinner'라는 단순한 이름을 붙였다. 18세기 중반까지만 해도 하루 중 주된 식사, 즉 디너는 정오나 늦어도 해가 있을 동안에 이루어졌다는 것이 헤스턴의 설명이다. 하지만 전기의 발명과 도시화로 인해 식사 시간이 점점 늦어졌다. 특히 산업 혁명의 초기부터 대부분의 노동자들이 작업장에 도시락을 가져와서 교대 시간 중간인 정오에 먹기 시작하면서 이런 현상은 심화되었다. 퇴근 후의 식사는 하루 중 가장 중요한 식사가 되었다.

헤스턴의 역사에 대한 애호는 단순히 식당 이름뿐만이 아니라 메뉴에서도 엿볼 수 있다. 메뉴에는 14세기에서 19세기 사이에 기록된 조리법을 이용한 요리 이름이 가득하다. 가령 일반적인 디너의 전형적인 순서는 구운 문어와 스펠트Spelt(고대의 밀가루-옮긴이), 훈제 해물 육수와 절인 덜스Dulse와 미나리를 넣은 프루멘티Frumenty(1390년경의 조리법. 우유가 든 젤리 형태의 음식-옮긴이)로 시작할 수 있다. 아니면 귤 젤리를 입힌 닭의 간 파르페와 구운 빵을 함께 내는 미트 프루트Meat Fruit(1500년경의 조리법)를 고를 수도 있다. 그다음 메인 코스로는 넙치에 치커리와 파슬리, 후추, 양파, 유칼립투스를 넣고 졸인 로스트 넙치와 그린소스(1440년경의 조리법)가 기다리고 있다. 아니면 웨일즈 팬케이크에 절인

야채와 달팽이, 피칼리리Piccalilli, 육두구를 넣고 졸인 갈비 (1720년경의 조리법)는 어떤가. 디저트로는 19세기 후반의 레시피로 만든 맛있는 아이스크림을 놓쳐서는 안 된다. 분자 미식학의 선구자였던 헤스턴은 이미 1990년대 중반에 런던에서 서쪽으로 몇 십 킬로미터 떨어진 곳에 있는 400년 된 펍을 세계적인 고급 식당 중심지로 바꾸어 놓았다. 그 후 그는 요리 예술의 역사에 열정적으로 눈을 떴고, 중세 말기에 요리는 일종의 대체 의학의 한 분야로 대접받았다는 사실을 알게 되었다. 헤스턴은 수세기에 걸쳐 전승되는 요리책을 모으기 시작했고, 요리에 대한 영감을 찾기 위해 식품 영양 전문 사학자들과 함께 작업해 왔다.

한 가정의 레시피가 여러 세대에 걸쳐 보존되기도 한다. 증조할머니의 레시피대로 맛있는 '구겔호프'를 구워내는 새천년의 세대들을 보라. 가까운 친척끼리만 레시피를 공유하던 스페인의 국민 음식 '파에야'도 오늘날에는 세계 전역에서 사랑받고 있다. 쌀로 만든 이 요리는 원래 16세기부터 이어져 온 발렌시아 지역의 음식인데 때로는 수레바퀴만 한 불판에서 만들어지기도 한다. 알렉산더 대왕이 인도의 곡물을 기원전 4세기경에 유럽으로 들여왔지만, 스페인의 경우에는 1200년 전쯤 무어인이 이곳을 점령하면서 쌀의 재배가 가능해졌다. 쌀은 비교적 일찍부터 유럽에서 친숙하게 받아들여진 곡물이었다. 반면 카카오 콩이나 감자, 옥수수 같은 곡물이 전해진 것은 알렉산더 대왕의 정복이 이루어진 지 천 년도 더 지난 시점에 서구 열강이 중남미를 잔인하게 정복하고 식민지로 삼은 결과였다.

　먼 나라로부터 온 많은 식물과 채소, 곡물이 오랜 시간이 지나며 토착화되어 온 것은 사실이지만, 전통 중국 요리인 '송화단'은 절대로 토착화되기 어려운 음식 중 하나일 것이다. 영어로는 '센츄리 에그Century Egg'라 불리는 이 달걀을 만드는 데는 사실 몇 달은커녕 몇 주밖에 소요되지 않는다. 이 기간 동안, 진흙과 재, 소금과 석회, 쌀 껍질을 비롯한 여러 식물과 허브를 섞은 혼합물에 달걀을 놓아두면 노른자가 녹색으로 딱딱하게 변한다. 중국의 이 귀한 음식을 유럽 사람들이 즐기지 못하는 이유는 아마도 암모니아에서 풍기는 듯한 악취 때문일 것이다. 그런데 유럽인들도 치즈에서 나는, 썩은 음식이나 배설물에서 나는 것 같은 톡 쏘는 냄새를 잘 알고 있다. 치즈를 보관하기 전에 놓아두는 열실에는 이 냄새가 한가득 퍼진다. 이 독특한 향기는 프랑스의 특산 치즈인 하늘색 블루 도베르뉴Bleu d'Auvergne를 생산하는 열실이나 토스카니 치즈를 생산하는 발도르차Val d'Orcia 계곡의 열실에서 발생해 전 세계에 퍼져 나간다. 클로버와 압상트, 초원에서 자라는 야생 회향과 사르디니아 산양에서 나온 우유를 써서 유명한 페코리노 디 피엔차Pecorino di Pienza 치즈도 있다. 피엔차는 치즈 가게가 있는 작은 시골 마을로 알려져 있지만, 우리는 선사시대 항아리 속의 테라코타를 통해 수천 년 동안 이 마을에서 유제품을 생산해 왔다는 사실을 알 수 있다. 지중해 지역의 치즈 생산용 항아리에 남아 있는 지방산 잔류물은 7,700년 전으로 거슬러 올라간다. 또한 2018년 중반 이집트에서는 카이로에서 멀지 않은 프타메스Pthames 무덤에서 3,000년 이상 된 것으로 추정되는, 인류가 가장 오래 보존한 치즈가 발견되었다.

그런데 이러한 모든 지식을 부엌에서 어떻게 활용할 수 있을까? 먹는 것에 대해 조금만 더 신경 써 보는 것도 좋은 방법이다. 기분 좋게 꿀꺽 한입에 삼키거나 콩 한 쪽을 몇 분에 걸쳐 씹거나, 방법은 각자 다르겠지만 말이다. 냉동식품을 한동안 멀리해 보는 식도 괜찮을 테다. 가끔은 냉동식품을 데우는 대신 직접 요리해 보는 건 어떨까? 집에서 음식을 먹으려면 준비하는 것 외에도 그만큼 또 시간이 걸린다. 식탁을 차리고 청소하고 식기를 치우고 건조대에 넣고 건조하고 부엌을 치우고 선반을 정리하고…… 배우자와 이 모든 일을 나누어서 한다면 요리하는 것이 좀 더 즐거운 과정이 되지 않을까.

천 년의 난제

MILLENNIUM-PROBLEME

프랑스 서부 보몽 드 로마뉴Beaumont-de-Lomagne에 있는 페르마의 동상. 프랑스의 조
각가 알렉상드르 팔기에르Alexandre Falguiere가 제작했다.

학창 시절 수학 선생님이나 라틴어 선생님에게 '제논의 화살' 혹은 '제논의 역설'에 대한 이야기를 들은 적이 있는 가? 율리우스 카이사르Julius Caesar의 『갈리아 전기Commentarii De Bello Gallico』나 삼각법 혹은 루트 계산법을 공부하면서 이를 배웠을 수도 있다. 친구들과 공원에서 밤늦도록 제 논의 화살에 대해 결론이 나지 않는 토론을 한 경험도 어 쩌면 있을 것이다. 사실 이 명제는 역설적으로, 똑 부러진 답이 없다는 점에서 사람들을 매혹시키곤 한다.

그리스의 엘레아 출신인 철학자 제논은 "날아가는 화살은 무한하게 분할된 순간 속에 있기 때문에, 실제로 는 움직이지 않는 것이나 마찬가지이며 바로 그 이유 때 문에 절대로 목적지에 도달할 수 없다"고 말했다. 날아다 니는 화살은 우주에 있는 모든 물체와 마찬가지로 항상 분명히 정의되어야 하는 위치를 차지하고 있다. 화살이 A 지점에서 B지점으로 이동하는 데 걸리는 시간은 작은 단 위에서 더 작은 단위로 끝없이 나눌 수 있으며, 이는 결국 무한하다. 그럼에도 불구하고 화살은 활시위를 이탈한 직 후 표적에 꽂힌다. 그리하여 세상은 결국 어떻게든 돌아 가게 된다.

하지만 제논은 이 세상을 없애 버리는 것이 가능하다는 이론을 제시했다. 적어도 관념적으로는 가능하다는 의미다. 어쩌면 이 철학자는 우리가 의심 없이 받아들이는 영구적인 조건에 근본적인 질문을 던지는, 인과관계와는 멀리 떨어진 평행 세계의 문을 열었다고 볼 수 있다. 수천 년짜리 질문거리를 던져 준 마인드 게임 같은 역설 이론 외에도, 수학자들은 1900년 파리에서 열린 세계 수학자 대회에서 다비트 힐베르트David Hilbert가 동료 학자들에게 처음으로 던진 일련의 수학적 난제들을 오랫동안 연구해 왔다. 측지선을 사용하여 모든 거리공간을 만들 수 있는가, 물리학의 공리를 수학 언어로 표기할 수 있는가 등등 당시 제시된 23개의 문제 중 상당수는 해결되지 않은 채로 남아 있다. 또한 힐베르트와 그의 동료 학자들은 아르키메데스나 유클리드 학파에서 비롯되어 2천 년 동안 내려온 낡은 수학적 가설을 그대로 받아들이지 않고 질문을 던지기 시작했다. 파리 수학자 대회가 열린 지 정확히 100년이 지난 2000년에 클레이 수학 연구소Clay Mathematics Institute는 자신들이 제시한 일곱 가지 문제 중 하나를 해결하는 이들에게 100만 달러(약 11억 6천만 원)의 상금을 주기로 약속했다. 유복한 부부가 세운 이 자선 재단은 전 세계 수학자들에게 넉넉한 지원을 제공할 뿐 아니라, 소위 밀레니엄 문제라 불리는 이 일곱 가지 문제 해결을 위해 상을 제정한 것으로도 유명하다.

물론 수학에는 숫자 이론과 대수학, 기하학과 조합론에 이르기까지 수십 가지 미해결 문제가 존재한다. 수세기 동안 가장 뛰어난 수학자들이 이 문제를 해결하기 위해 노력해 왔다. 가령 17세기의 수학자 피에르 드 페르마Pierre de Fermat가 제시한 자연수 혹은 페르마의 정리는 350년이 지나서야 영국의 두 과학자 앤드류 와일즈Andrew Wiles와 리처드 테일러Richard Taylor에 의해 증명될 수 있었다. 1611년 독일의 철학자 요하네스 케플러Johannes Kepler는 육각형 눈송이의 성질에 대해 고찰하기 시작했는데, 이 문제는 1900년에도 여전히 힐베르트가 선정한 미해결 문제 중 하나로 남아 있었다. 구상체의 밀도와 분포에 관한 케플러의 가설 중 일부는 19세기와 20세기에 독일과 헝가리 수학자들에 의해 확인되었다. 그러다 2014년에 미국의 수학자 토마스 헤일즈Thomas Hales가 20년 이상의 연구 끝에 마침내 케플러 가설의 정확성에 대한 공식적인 증거를 제시하는 데 성공했고, 이로써 400년 된 수학 문제를 해결할 수 있었다.

클레이 수학 연구소가 해결하기 위해 애쓰고 있는 새천년의 일곱 가지 난제는 곡면기하학의 전문학자인 베른하르트 리만Bernhard Riemann이 1859년에 발표한 리만 가설(특정 복소수로 만들어진 함수값이 0이 되는 분포에 대한

국제 수학 연맹International Mathematical Union의 필즈 메달 앞면. 얼굴은 아르키메데스
의 초상이며, 라틴어 'Transire suum pectus mundoque potiri'는 '자신 위로 올
라서 세상을 꽉 붙잡아라'라는 뜻이다.

가설)을 비롯해 아직 검증되지 않은 여러 수학적 가설들로 이루어져 있다. 그런데 2002년, 난제를 지정한 지 불과 2년 만에 러시아의 수학자 그리고리 야코블레비치 페렐만Grigori Yakovlevich Perelman이 일반인들도 접근 가능한 공개 접속 서비스에 1904년의 앙리 푸앵카레Henri Poincaré 추론에 대한 첫 번째 증거를 39페이지에 걸쳐 업로드함으로써 난제 하나가 해결되었다. 여기서 페렐만은 3차원 공간의 형태에 대한 푸앵카레의 고찰을 과학적으로 증명해냈다. 상트페테르부르크 외곽의 작은 고층 아파트에서 어머니와 단둘이 은둔 생활을 하고 있는 페렐만은 언론과의 인터뷰도 거절하고 클레이 수학 연구소의 100만 달러 상금도 거부했다. 마찬가지로 2006년에는 이 분야에서 가장 권위 있는 국제적 상이자 수학계의 노벨상으로 여겨지는, 뛰어난 수학적 발견을 한 학자에게 주는 필즈 메달 Fields Medal을 거절하기도 했다.

1966년생인 페렐만은 오페라 애호가이자 버섯 수집가다. 그는 산책을 매우 즐기며 세상 사람들의 호들갑과 주목을 일부러 피해서 살아간다. 그에게는 세상의 어떤 대가도 의미가 없으며, 돈도 명예도 전혀 안중에 없다. 이례적으로 한 언론과 가졌던 인터뷰에서, 그는 증명의 정확성이야말로 그가 몰두하는 연구 작업의 유일한 기준이며 자신에게 의미가 있는 유일한 긍정성이라고 설명한 바 있다. 페렐만의 박사 학위 지도 교수이자 상트페테르부르크 스테클로프Steklow 연구소의 유리 부라고Juri Burago 교수는 자신의 전 제자가 수학적 연구에 얼마나 깊이 빠져 있었는지를 회상했다. "그 친구는 항상 깊이 사고하곤 했지요. 대답도 언제나 매우 정확했습니다. 게다가 모든 것을 아주, 매우 신중하게 가늠해서 결론을 내렸지요. 그는 빠른 타입이 아니었어요, 속도는 아무런 의미가 없었지요. 수학에서는 속도가 아무런 의미가 없습니다. 깊이가 가장 중요하지요."

과학자들 사이에서는 상을 받는 것은 나약함의 증거이며 상을 거절하는 것이야말로 정신적 건강에 도움이 된다는 인식이 있다. 경제성이 없는 분야에서 연구 작업이 이루어지므로 재정적 보상도 낮을 수밖에 없다. 대부분의 수학적 성과는 확실한 해결책이 없는 문제에 수십 년 동안 집착한 결과로 이루어진다. 해결이 나기는 할 문제인지, 어떻게 풀 수 있을지도 모르는 경우가 태반이다. 그러다 보니 이 순수 연구 계약은 어떤 획기적인 혁신은커녕, 온통 미심쩍은 주제와 승인 과정으로 가득 차 있게 마련이다.

유명한 수학자들은 가능한 한 자유롭게 사유하고 연구하기 위해서 될 수 있으면 경제적 혹은 사회적 제약에서 벗어나거나 그로부터 해방된 삶을 살아왔다. 이들은 주로 여유 시간이 많은 귀족이나 성직자였고, 후대에는 많은 이들이 교수가 되었다. 확률 계산이나 통계적 방법론은 도박에서 승률을 점치고자 했던 귀족들의 욕망에 그 바탕을 두고 있다. 원자 모델이 최초로 생겨난 것은 군함에 포탄을 최적화된 방식으로 배치하려던 시도의 부산물이라고 볼 수 있다. 페르마의 추측을 입증한 앤드류 와일즈에 따르면, 직관은 예술에서와 마찬가지로 과학에서도 매우 중요하다. 와일즈는 수학자들이 예술가와 가깝다고 느꼈으며, 수학적 증명을 바흐의 음악과 나란히 놓았다. 그에 따르면 음악과 수학은 느낌의 원리로 서로 연결되기도 한다. 열정적인 바이올리니스트였던 알베르트 아인슈타인은 푸앵카레와 더불어, 뉴턴 이래로 확고하던 시공간의 절대성을 말살시킨 장본인일지 모른다. 하지만 그는 베른의 특허청 변호사이기도 했다. 그는 업무 중에 방해 받지 않고 사색할 시간을 요구했고, 결국 관철시켰다.

만료일

VERFALLSDATEN

뉴욕주 새러토가스프링스 인근 레스터 공원에서 발견된 스트로마톨라이트

1997년 프랑스 아를에서 지구에서 가장 나이가 많은 사람이 세상을 떠났다. 장 칼망Jeanne Calment은 122세까지 살았고 일주일에 1킬로그램의 초콜릿을 먹었다고 한다. 세이셸에 살았던 거북이 조나단Jonathan은 150년 이상을 살았으며 주로 초원의 풀이나 잔가지를 먹고 살았다. 2014년부터 이 거북이는 사과나 바나나 당근, 구아바 등을 먹기도 했다. 조나단은 육지에서 사는 가장 오래 사는 거북이 종류에 속하는 동물로 여겨진다. 알다브라 거대 거북이 종류는 지구상에서 250년까지 사는 것으로 알려져 있다. 물속에 사는 일부 척추동물의 수명은 그보다 훨씬 더 길다. 루터가 살았고 신대륙이 발견되었던 시대, 윌리엄 셰익스피어와 갈릴레오 갈릴레이가 살았던 시대쯤에 그린란드 상어의 탄생년이 존재한다. 2016년에 과학자들은 이 상어의 나이가 500살 이상일 것이라고 추정했다.

그러나 이 모든 숫자들 역시 수십만 년 동안 이 행성에서 우리와 삶을 공유해 온 다른 유기체나 지각 존재 앞에서는 그 의미가 희미해진다. 이 존재들은 우리보다 훨씬 이전부터 이곳에 살아왔고 그들 중 다수는 앞으로도 우리보다 훨씬 오랫동안 이곳에 머물러 있을 것이다. 레이첼 서스만Rachel Sussman은『위대한 생존: 세상에서 가장 오래 살아남은 나무 이야기』라는 책을 쓰기 위해 10년 동안 지구 곳곳을 여행했고 2천 년 이상 살아온 생물체들을 촬영했다. 서스만의 카메라는 시베리아 얼음판 아래까지는 닿지 않았지만, 그 안에는 40만 년에서 60만 년 정도를 살았을 것으로 추정되는, 무시무시하게 강한 저항력을 가진 방선균Actinobacteria이라는 박테리아가 살고 있다. 이 박테리아는 지구상에서 가장 오래된 생명체로 여겨진다. 대신 서스만은 남극의 코끼리 섬에서 이끼 사진을 찍었다. 메소포타미아인들이 바퀴를 발명할 무렵에 이미 자라고 있었던 오래된 이끼였다. 또한 그녀는 뉴사우스웨일스에 있는 1만 3천 년이 된 유칼립투스 나무와 크레타섬의 둔중한 올리브 나무에도 시선을 두었다. 이 올리브 나무는 호주의 서해안에서 수년 동안 1센티미터씩 자란다는, 3천 년 이상 된 희귀한 암석인 스트로마톨라이트Stromatolite(내부에 서식하는 박테리아의 활동으로 인해 성장하는 석회암-옮긴이)와 나이가 거의 같다. 연구원들은 30억 년 전 원시시대에 전 세계에 널리 퍼졌던 이 석회암 위에서 이루어진 광합성 작용을 통해 우리 행성의 대기에 풍부한 산소가 공급되면서 생물체들이 서식할 수 있는 환경이 만들어졌다고 추정하고 있다. 스트로마톨라이트는 무려 8만 살이나 된, 4만 7천여 그루가 모두 하나의 뿌리에서 나와 같은 유전자를 지닌 유타주의 미국 사시나무 군락과 마찬가지로 현재 서서히 죽어가고 있다.

지난 몇 세기 동안 인간이 채 멸종시키지 못했던 많은 생물체들이 여전히 멸종의 위기에 처해 있다. 영영 돌이킬 수 없는 멸종을 막기 위해, 노르웨이와 북극 사이의 북극해에 있는 스피츠베르겐Spitsbergen섬의 깊은 산속에 2008년 이후 전 세계에서 모은 최대 450만 개의 종자 표본을 보관하는 세 군데의 거대한 저장고가 마련되었다. 스발바르 국제 종자 저장고Svaldbard Global Seed Vault는 의도적으로 험난한 환경을 선택하여 우리 행성의 생물 다양성을 위한 피난처로 삼았다. 이곳은 핵전쟁이나 그 밖의 수많은 전 세계적 재앙으로부터 살아남아 우리가 돌이킬 수 없이 파괴해 버린 것들을 보존하고 기억하는 데 도움을 줄 것이다. 산 깊숙이 차를 몰고 들어가면 종자 저장고가 나오는데, 바깥에서 볼 수 있는 것은 오로지 콘크리트 쐐기로 이루어진 입구밖에 없다. 노르웨이의 예술가 디베케 산네Dyveke Sanne는 벙커로 통하는 문 위에 새긴 자신의 조형물에 '영원한 반향Perpetual Repercussion'이라는 이름을 붙였다. 마치 거울이나 프리즘처럼, 스테인리스강으로 된 수많은 삼각형이 모든 방향에서 빛을 반사한다. 10월부터 11월까지 이어지는 극야極夜 기간 동안 광섬유로 된 발광 진공관은 북쪽의 불빛을 닮은 희미한 녹색 빛을 방출한

스피츠베르겐섬에 위치한 스발바르 국제 종자 저장고의 출입구

다. 이 예술가는 저장고의 개소일에 다양한 생명체를 보존하는 일은 미래에 대한 의무라고 말했다. 그렇지만 인간 문명의 영향은 멈출 줄 모르고 북극권의 북쪽까지 그 마수를 뻗쳐 왔다. 2018년, 지구 온난화의 결과로 국제 종자 저장고 내부로 응결 현상이 침투했다. 이 때문에 노르웨이 정부는 저장고를 개조하기 위해 1천만 유로(약 129억 원)가 넘는 돈을 써야 했다.

우리는 어떤 것을 영구히 안전하게 유지하는 데 상당한 어려움을 겪는다. 이는 인류에게 매우 중요한 곡물을 보존하려는 시도뿐 아니라 원자 폐기물의 안전한 처리라는 엄청난 문제에서도 마찬가지다. 방사성 폐기물은 1만 년 이상 인간에게 심각한 위험으로 남는다. 이에 비하면 우리가 절대로 풀 수 없는 비밀을 간직한 피라미드가 만들어진 지는 5,000년도 채 되지 않았다. 그렇다면 우리는 우라늄과 플루토늄이 가져올 황폐화로부터 미래 세대를 어떻게 보호할 것인가? 만일 후손들이 현재의 문명을 알지 못하고 언어조차 이해하지 못한다면 그들에게 방사선의 위협을 어떻게 경고할 것인가? 국제 전문가 위원회는 1981년부터 이 문제로 골머리를 앓고 있지만 그다지 성과를 거두지 못하고 있다. 하지만 두개골과 도망치는 사람, 공포에 질린 인간의 표정으로 이루어진 1893년작 에드바르 뭉크의 그림 〈절규〉 같은 이미지로 표현되는 이 위험은 수천 년 동안 좀처럼 극복될 수 없다. 특히 볼 수도, 냄새를 맡을 수도, 맛볼 수도 없다는 점에서 이 위험은 더욱 치명적이다. '니키 누크Nickey Nuke'라는 마스코트에 대한 아이디어는 금방 사그라졌다. 이 만화 캐릭터는 디즈니랜드를 본떠 핵폐기물 저장고 위에 지어진 놀이공원을 대표하는 캐릭터였는데, 가족들에게 끝없는 즐거움을 주겠다는 의도와 함께 방사능의 위험을 끝없이 경고하는 캐릭터로 디자인되었다.

이러한 시나리오들은 미래를 예측하는 일이 사실상 불가능하며, 특히 인간이 스스로 만들어 낸 문제를 해결하는 능력이 얼마나 서투른지를 보여 준다. 방사능을 상징하는 이 마스코트를 두려워할 만한데도 일부 친환경 에너지 제조업자들은 별 고민 없이 이 마스코트를 풍력 발전용 터빈을 홍보하는 데 사용하기 시작했다. "위험한 독성을 가진 방사능 폐기물이 여기에 매장되어 있습니다. 서기 12,000년 전에 이곳을 파거나 굴착하지 마시오!" 일곱 가지 언어로 된 이 경고문이 과연 미국 뉴멕시코주에 위치한 방사성 폐기기물 격리시범시설WIPP, Waste Isolation Pilot Plant에 적재된 핵폐기물로부터 미래의 침략자들을 보호하기에 충분한지는 의심스러울 따름이다.

"무상함은 모든 것에 존재한다. 말 그대로 모든 것에." 작가인 다니엘 켈만Daniel Kehlmann이 그의 책에 적었다. "물리학자들은 상상할 수 없을 정도로 먼 미래에는 양성자조차도 부패할 것이라고 생각한다. 그렇게 되면 아무것도, 원자조차도, 말 그대로 그 어떤 것도 존재할 수 없다. 우주 자체가 유한하다. 생명체뿐 아니라 단단한 물질도 언젠가는 소멸한다." 위로가 되는가? 아니, 오히려 그 반대다. 결국에는 모든 것이 끝난다 할지라도, 후손들에게 살 만한 환경을 가진 지구를 물려주어야 한다는 책임으로부터 우리가 벗어날 길은 없다.

휴식과 게으름
MUβE UND MÜβIGGANG

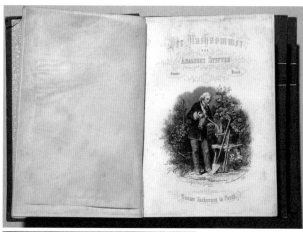

(상) 『늦여름』 초판본
(하) 오스트리아의 화가 페
르디난드 게오르그 발트뮐
러Ferdinand Georg Waldmuller가
그린 슈티프터의 초상화

"엄청난 속도로 단시간에 여러 장소에 도달함과 동시에 빛의 속도로 세계 구석구석에 뉴스를 전파할 수 있다면 어떻게 될까?" 이는 아달베르트 슈티프터Adalbert Stifter가 1857년에 출간한 소설 『늦여름』 전권에 걸쳐 등장하는 질문이다. 너무나 느린 속도로 진행되는 이 소설에 대해 독일의 극작가인 프리드리히 헤벨Friedrich Hebbel은 "이 세 권을 다 읽은 독자에게 '폴란드의 왕관'을 씌워 주겠다"고 약속하기까지 했다. 그럼에도 불구하고 슈티프터가 쓴 이 교양소설은 독일 문학계에서 여전히 많은 인기를 누리고 있다. 니체에서 호프만스탈Hugo von Hofmannsthal(1874~1929년, 오스트리아의 시인·극작가·오페라 대본 작가-옮긴이)에 이르기까지 많은 이들에게 영감을 준 이 작가는 오늘날까지도 커다란 경외심의 대상이 되고 있다.

슈티프터가 쓴 소설 속 젊은 주인공은 휴식과 게으름에 대한 질문을 던진다. 작가는 하염없는 방황과 끊임없는 성찰에 대한 세심한 묘사를 통해 정신없이 달리는 속도를 완전히 잠재우는 방식을 제시한다. 자연에 대한 사색을 품은 욕망에는 어떤 절박함이 내포되어 있다. 독창성과 느림으로의 회귀는 산만하게 눈길을 끄는 데만 치중했던 당시 시대와는 의식적으로 반대 방향에 서 있다. 괴테조차도 신문을 통해 쏟아져 나오는 혼란스러운 생각들과 매일 아침 일간지, 잡지, 학회지 등을 통해 분출되는 감당할 수 없는 정보의 흐름에 괴로워했다.

그로 인해 집에 가만히 머무르거나 거리를 산책하면서 이 흐름을 거스르는 사람들도 있었다. 가령 슈티프터의 『늦여름』이 배경으로 삼았던 시대에 살았던 발터 벤야민Walter Benjamin은 파리의 번화가에서 목격한 바를 얘기한 적이 있다. "당시 거북이를 데리고 산책하는 것이 우아한 태도로 여겨졌다"는 것이다. 이와는 달리 슈티프터의 젊은 주인공은 언덕과 숲을 관찰하거나 돌아다니는 일로 시간을 보냈는데, 종종 몇 달간 그곳에 머무르기도 했다.

낭만주의 시대 이후의 방랑자들이 삶의 가속도에 저항했던 것과 마찬가지로 공산당 선언은 산업 혁명의 자본주의적 특성에 반대하는 태도를 취했다. 18세기 산악 지역은 사람이 살기 어려운 '지구의 물사마귀' 정도로 여겨졌지만, 이제는 기차만 타면 공장이 가득한 풍경이나 도시화의 그늘을 벗어나서 쉽게 도달할 수 있는 휴양지로 재발견되었다. 도시에서 도망치거나 현실에서 도피하기 위한 장소가 아니라 너무 빠르게 흘러가는 세상에서 자신을 깨닫고 영성을 흡수할 수 있는 공간인 것이다. 자연으로 돌아가자! 그것은 이미 루소가 요구한 것이 아니었던가? "인간은 자유롭게 태어났지만 곳곳에서 사슬에 매여 있다." 이것이 프랑스의 작가이자 철학자였던 루소가 독자들에게 던진 계몽성 경고였다. 당연히 사슬을 끊고 등산을 나서야 한다! 루소의 '고결한 야만인'이라는 개념은 자연과 조화롭게 사는 철저하게 선량한 인간을 뜻한다. 이는 산업시대 이전의 산악 목초지 문화가 가졌던 분위기를 풍기고 있다.

또한 목동들로 이루어진 시골 세계에 대한 열광에는 순진한 에로티시즘의 환상도 얼마간 더해졌다. "그곳에서는 모든 것이 허용된다"고, 귀스타브 플로베르Gustave Flaubert는 당시 사교계의 잡다한 얘깃거리를 기록한 『통상 관념 사전』에서 말했다. 풍경과 숲은 영감을 주고 꿈을 자극하는 장소라며 그는 은근하게 독자를 자극했다. 대도시 거주자들의 평온에 대한 열망은 역설적이게도 이미 태어나는 순간부터 깨질 수밖에 없다. 그러나 머지않아 세계 인구의 3분의 2가 도시 혹은 천만 명이 훨씬 넘는 거대 도시에 살게 될 후기 산업화 시대가 다가올 것이다. 그때 우리가 방랑자를 오랜 동반자로 삼아 얻을 수 있는 진정한 교훈은 무엇일까? 청두나 충칭, 우한, 톈진과 같은 중국 대도시 지역에는 독일의 총 인구수를 능가하는 많은 사람들이 살고 있다. 구글 지도와 스마트 글래스, 스마트

폰이나 위치 파악 및 안면 인식 시스템은 도시 환경에서 우리의 움직임을 조절하고 통제한다. 공공 공간은 쇼핑몰과 같은 알고리즘을 통해 설계된다. A와 B 사이의 동선을 최소화함으로써 공간의 효율을 최적화하는 것이다. 효율적인 시간 관리부터 소비자를 위한 조언까지 가는 도중에 놓인 각 단계는 오직 경제성을 위한 것이다.

여기에 게으름이나 빈둥거림을 위한 자리는 없다. 한량의 빈둥거림은 계산과 활용의 대상이 될 수 없으므로 경멸의 대상이 된다. 보들레르가 언젠가 묘사한 것처럼, 무리를 짓고자 하는 인간의 욕구란 "새가 공기를 필요로 하고 물고기가 물을 필요로 하는 것과 같이 본질적인 욕구이다." 프란츠 슈베르트의 「겨울 나그네」나 슈티프터의 『늦여름』 속 젊은 방랑자와 마찬가지로, 현대의 도시 보행자는 익명성과 무목적성이라는 두 가지 요소로 결합된다. 계획 없이 일어나는 일을 받아들이고, 무턱대고 이리저리 걷고, 우회로를 선택하고 예측할 수 없는 일에 몸을 맡긴다. 자의적이고 무차별적인 배회는 20세기의 중반에 기 드보르Guy Debord가 '표류dérive'라는 개념으로 제시한 바 있다. 또한 미국의 사회학자 리처드 세넷Richard Sennett은 『무질서의 효용: 개인의 정체성 과 도시 생활』에서 이렇게 주장했다. 혼돈은 혁신을 일으키는 요소이기도 하므로, 만약 우리가 양쪽 모두를 허용한다면 혼란과 통제력 상실은 더 이상 불안의 요소가 되지 않을 것이라고 말이다.

이 말은 21세기의 베짱이들에게 구체적으로 무엇을 의미하는가? 일단 '도시 탐험'을 위한 데리브Dérive 앱(도시에서의 의도적인 길 잃기를 돕는 애플리케이션-편집자)을 다운받고 싶은 유혹을 물리치고 아날로그 방식으로 살아 보자. 길을 잃기 위해서는 굳이 소프트웨어가 필요하지 않다. 빨간 차 혹은 파란 차를 따라가기, 동전을 던져 왼쪽 혹은 오른쪽으로 길의 방향을 정하고, 천 걸음마다 혹은 10분마다 방향을 바꾸기, 낯선 사람 다섯 명을 붙잡고 어딘가에 있는 길을 설명해 달라고 부탁하기, 눈을 감은 채 지도에 있는 지하철역을 짚은 다음 여행을 시작하기 등등. 여기에는 산책에 대한 전문적 지식이나 과학이 필요치 않다. 노르딕 스틱이나 시골 여행을 위한 준비도, 도시 모험에 대한 장비도 필요 없다.

지속 가능성 전문가 울리히 그로버Ulrich Grober는 "하이킹은 발걸음을 척도로 삼고 자연을 시계로 삼아 태양빛을 따라서 인간의 차원으로 돌아가는 것이다."라고 말한다. 자연이 제공하는 것만을 받으라. 여가란 시간을 완전히 자유롭게 사용하는 것이다. 나중에 일을 더 잘 하기 위해 쉬는 것도 아니고, 잘 짜여진 프로그램도 아니다. 진정으로 용기 있는 사람은 계획이 없는 사람이다.

참을성

GEDULD

히로시게의 색목판화 '후지산의 36가지 풍경' 중 〈사타의 바다〉

미하엘 루에츠Michael Ruetz는 우리가 만나기로 한 베를린 카페에 조금 늦게 나타났다. 5월의 봄날, 어느 토요일이 었다. 루에츠는 여기 샬로텐부르크에서 1940년에 태어나고 자랐다. 그가 사는 아파트는 카페에서 아주 가까운 곳에 있었다. 느긋하게 서로를 바라보며 주의 깊은 대화를 나누기 전, 약속 장소에 먼저 도착해 기다리는 시간은 선물과도 같다. 약속에 늦을까 봐 긴장하는 것보다는 주위를 여유롭게 둘러보는 것이 훨씬 더 나은 방법이기 때문이다. 그러면 친구가 좀 늦더라도 기분이 나쁘기보다는 고마운 마음이 든다. 보통 아무리 늦어도 몇 분 이상은 되지 않으니까.

　루에츠와 약속을 정할 때는 편지가 가장 좋은 방식이다. 그는 이메일 계정이 없고 전화도 없다. 그를 알아본 종업원이 그에게 무엇을 마시고 싶은지 물어보기도 전에 —사과 주스를 주문했다— 그는 자신이 단골손님이면서도 그곳을 꽤 오랫동안 찾아오지 않았다는 사실을 아쉬워했다. "아내와 나에게는 시간이 얼마 남지 않았답니다." 그런 다음 루에츠는 공손히 등을 돌리고 근처 빌딩을 손가락질한다. "바로 옆에 호텔이 있었는데 거기서 시인 고트프리트 벤Gottfried Benn이 항상 연인들 중 한 명과 만나곤 했지요. 그 후 호텔은 수리를 했지만 결국 폐허가 되었고 그다음 투자자가 나타나서 완전히 새롭게 단장했죠. 지금은 너무 화려해졌군요." 루에츠는 작가이자 사진가로서 이러한 변화에 주목했다. 그에게 시간은 평생에 걸친 작업의 주된 주제이기도 했다. "하나의 사진이나 주기를 완성하기 위해서 몇 년, 몇 십 년이 필요해요." 그는 자연과 도시 풍경의 연대기를 사진가로서 기록했다. 그는 사람들의 변화하는 얼굴이나 동작을 멈추게 하거나 개입하지 않았고, 그 자연스러운 모습을 오롯이 사진 속에 담아 왔다. "시간은 신의 다른 이름입니다. 둘 다 전지전능하지요."

미술사에서 그의 소울메이트를 찾자면 후지산의 36가지 풍경을 묘사한 일본 색목판화의 거장 우타가와 히로시게歌川広重를 들 수 있다. 그의 작품은 19세기 말 루앙 대성당의 30가지 풍경과 여러 종류의 건초 더미를 그렸던 인상파 화가 클로드 모네에게도 영감을 주었다. 두 예술가 모두 날이 지나고 해가 바뀌는 동안 자연이 우리의 마음속에 남기는 변화의 뉘앙스를 표현하려 애썼다.

1989년부터 2012년까지 루에츠는 킴가우Chiemgau의 넓은 계곡에서 거의 3천여 장의 사진을 찍었다. 어떤 사진도 서로 비슷하지 않았다. 립스팅과 가까운 라칭거 호헤Ratzinger Höhe 근교에 여기저기 흩어져 있는 낡은 농가들,

번개가 치고 눈이 내리는 풍경, 짙푸른 여름과 비현실적인 달밤, 위협적인 구름의 모양과 그 무엇도 아닌 오로지 깊고 푸른 하늘빛. 산은 때로는 하얗고 때로는 검으며 어떤 때는 회색이나 은색으로 보이기도 한다.

"세상에, 이 사진들을 찍기 위해 당신은 수없이 세계 일주를 했겠네요." 루에츠는 2014년 베를린 사진 박물관에서 수십 점의 풍경 사진을 전시했던 〈완벽한 풍경Die absolute Landschaft〉전에서 한 방문객이 자신에게 다가와 한 말을 즐거이 들려주었다. 실제로 사진 전문가가 아니라면 고산 지역의 기슭을 찍은 7의 연속적인 풍경 사진이 항상 같은 곳을 배경으로 하고 있다는 점을 인식하지 못한다. 잠시 멈추어 생각한 후에야 비로소 우리 영혼의 풍경도 이런 자연의 모습과 거울처럼 닮아 있음을 알게 된다. 격렬하게 으르렁거리고, 폭풍이 몰아치고, 황량하고 어두우며, 또다시 햇빛과 행복이 풍부한 빛나는 순간들, 그 모든 것이 한 사람 안에 깃들어 있다.

루에츠가 좋아하는 월트 휘트먼Walt Whitman은 1855년 「나 자신의 노래」라는 시에서 "나는 거대하고, 다수를 포함하고 있다."고 썼다. 루에츠의 작품은 지진계처럼 아주 작은 변화도 기록한다. 사진은 동물의 변태와 같은 현상을 보여 준다. 루에츠는 자신과 작품에 대해 "나는 당대의 기록주의자"라고 말한다. 절대적 풍경, 이를 위해 그는

스티글리츠가 5번가에서 촬영한 사진

밤에도 자주 야외에 나가 카메라 셔터에 손을 올려놓고 잠이 들곤 했다.

　루에츠의 미학에는 나름대로 이야기가 존재한다. 20세기 초 알프레드 스티글리츠Alfred Stieglitz가 이름 붙인 '순수 사진Straight Photography'이라는 용어는 '빛의 그림'이 아직 예술로 간주되지 않았던 시기에 뉴욕에서 처음 사용되었다. 사진이 예술로 받아들여지지 않았음에도 불구하고, 그곳에서는 모든 조작을 의도적으로 거부하는 사실주의와 순수 사진 이론을 발전시키려는 시도가 있었다. 가령 초기의 무성 영화에서는 꿈을 묘사할 때 카메라 위에 기름 젤리를 발라서 몽환적인 이미지를 표현했고, 사진 분야에서는 일반적으로 회화를 모방하는 방식만이 예술로 인정받고 있었다. 그러나 순수(스트레이트) 사진은 그와는 달랐다. 가장자리 잘라내기도 없고, 일부러 초점을 흐리지도 않았다. 사진가가 발견한 장면을 사실적으로 보여주는 스트레이트 사진 기법은 자연광만을 이용해서 풍부한 대비와 깊이를 보여 주었다. 스티글리츠는 백열등 대신에 태양광을, 실내 대신에 야외를 선택했다. 사진작가로서 얻은 모든 지식을 동원하여 그는 표현하려는 대상에 집중했다.

　전문적으로 훈련된 시선과 장비를 다루는 데 있어서의 완벽성과 더불어 또 한 가지 중요한 것이 있었다. 바로 인내심이다. 스트레이트 사진이라는 용어가 생기기도 훨씬 전인 1893년 2월 22일, 조지 워싱턴의 생일날에 겨우 29세였던 스티글리츠는 거센 눈보라가 몰아치는 맨해튼 5번가의 한 모퉁이에 서서 완벽한 순간을 기다리고 있었다. 그는 사람을 가득 태운 역마차가 눈과 얼음에 뒤덮인 채 북쪽으로 서서히 움직이는 것을 지켜보았다. 스티글리츠는 눈보라가 치는 가운데 장장 세 시간을 기다려 마침내 셔터를 누르기에 딱 맞는 순간을 찾아냈다. 희끗희끗한 눈이 쏟아지는 가운데 마부가 채찍을 휘두르며 역마차를 몰고 가는 순간이었다. 이 작은 사진은 사진사의 여명을 밝힌 작품으로 인정받고 있으며, 오늘날 맨해튼 5번가에 위치한 메트로폴리탄 미술관에 전시되고 있다. 스티글리츠는 이 사진에서 자신의 모든 경험을 표현하고자 했다. 이 작은 액자 속의 사진은 오늘까지도 보는 사람을 전율케 한다. 오직 인내와 지치지 않는 기다림의 시간만이 그 같은 결과를 선사한다. 준비 과정과 후속 작업, 거리와 암실에서의 기다림도 마찬가지다.

루에츠도 참을성이 많은 사람일까? 자신을 지루하게 만드는 사람들에 대해서는 그렇지 않은 게 분명하다. 그가 참지 못하는 대상은 여럿이지만, 그는 그중에서도 시간 도둑을 가장 싫어한다. "나이가 들어 더 부드러워지는 사람을 포기하라. 차라리 현명해지지 말라!" 그의 아내는 그를 '고집 세고 집요한 사람'이라고 부른다. 루에츠는 매년 딸의 사진을 여러 번 찍었는데, 제목에 날짜와 시간을 함께 기록하고 작품마다 번호를 붙였다. 타임스케이프 Timescape 801, 802, 803……. 딸이 스물한 번째 생일을 맞이할 때까지 그 작업은 계속되었다. "오늘 시간을 좀 비워두렴." 사진사는 딸에게 얘기하곤 했다. "내 딸은 자기 직관에 따라서 올바른 일을 한답니다. 무엇이 옳고 그른지 내가 얘기해 준 적이 없거든요."

　　루에츠와 만나고 며칠이 지난 뒤, 우리 집 우체통에 나의 어린 딸을 위한 책이 담긴 소포가 배달되어 있었다. "따님의 삶에 변화가 있기를 기원하며." 그가 보낸 책은 회색 양복을 입은 대머리 남자들이 사람들의 시간을 훔치는 미하엘 엔데Michael Ende의 『모모』가 아니라, 개척자이자 농부였던 로라 잉걸스 와일더Laura Ingalls Wilder가 19세기 말 미국 중서부 지역에서 조용하게 보낸 소녀 시절에 대해 쓴 어린이 도서였다.

죽음이라는 해결 과제
DER TOD ALS PROBLEM

약국 현관 옆 벽에는 금발을 찰랑거리는 여자가 스테인리스 스틸로 뒤덮인 커다랗고 김이 모락모락 나는 용기 속으로 사라지는 포스터가 붙어 있다. 용기 내부에 아늑하게 불이 켜져 있지 않았다면 그것은 마치 열려 있는 관처럼 보였을 것이다. 하지만 광고 속의 젊은 여인은 자신이 무엇을 하고 있는지 잘 알고 있다. 급속 냉동 기술을 사용한 고급 저온 요법은 '차가운 사랑'과 '건강과 웰빙을 가져다주는 노화 방지 및 체중 감소'를 약속한다. 누구든 이 여자를 뒤쫓고 싶을 것이다. 최소한 그녀에게 '너무 추워하지 마!'라고 말해 주고 싶을 테니까 말이다. 그녀가 벗으려는 하얀 가운은 북극의 험준한 빙산처럼 드라마틱해 보인다.

불과 얼마 전까지만 해도 부유층 사람들은 일광욕실에 들어가는 걸 즐겼다. 하지만 오늘날에는 마치 흡연을 꺼리듯 그걸 꺼린다. 자외선과 담배는 피부를 너무 빨리 늙게 만들기 때문이다. 요즘엔 누구도 늙기를 원하지 않는다. 1986년에 프레디 머큐리Freddy Mercury가 물었다. "영원히 살고 싶은 사람이 어디 있는가?" 그러나 오늘날에는 아무도 이런 질문을 던지지 않는다. 그 누구도. 제발 늙지 않게 해 달라고 빌 뿐.

　의도적으로 쉽게 고장나는 제품을 생산하는 첨단 기술 회사들이 영생에 관한 연구를 실시할 가능성이 높은 것은 바로 이런 점 때문이다. 죽음을 죽여야만 한다. 이것이 장수 관련 기업체들의 좌우명이다. 가령 구글의 억만 달러짜리 자회사인 캘리코Calico, 즉 캘리포니아 라이프사社는 웹사이트에 "우리는 삶의 가장 큰 미스터리 중 하나인 노화 문제를 공격적으로 연구하고 있다."고 공표했다. 페이스북 창업자 마크 저커버그Mark Zuckerberg는 자신이 세운 세포 연구 센터에 6억 달러(약 6,967억 원)를 투자했다. 아마존닷컴의 사장 제프 베조스Jeff Bezos와 헤지펀드 투자자인 피터 틸Peter Thiel은 새로 창업한 유니티 바이오테크놀로지Unity Biotechnology에 수백만 달러를 투자했다. 이 회사의 목표는 사람들이 원하는 만큼 오랫동안 죽음을 피하는 것이다. 틸 역시 그것을 원하고 있다. "현대 세계의 큰 과제는 죽음을 해결할 수 있는 문제로 만드는 것이다."

　벌거숭이 두더지 쥐와 멕시코 도롱뇽, 시베리아 박쥐, 손톱 크기만 한 해파리와 유전자 변형 벌레, 다능성 줄기세포와 우리 염색체 끝에 있는 텔로머telomer(짧은 사슬 중합체-옮긴이), 노인성 세포의 퇴치……. 이 모든 게 영생을 향한 길 위에 놓여 있는 것들인가? 그러는 사이 암브로시아 플라즈마Ambrosia Plasma사社는 8천 달러(약 928만

원)를 내면 십대의 피를 수혈 받는 실험에 참가할 수 있다
고 광고하고 있다. 먼 미래에 발전한 과학의 혜택을 받을
수 있도록 죽은 사람을 일시적으로 액체 질소에 넣는 실
험도 있다. 극저온 보존 방식의 선도적인 공급체인 알코
르Alcor사는 이후에 해동시킨다는 조건으로 몸 전체를 냉
동시키는 데 20만 달러(약 2억 3천만 원), 머리만 냉동시
키는 데 8만 달러(약 9천3백만 원)를 제시한다. 넷컴Netcom
사는 또한 미래의 어느 시점에는 화학 물질을 통해 생각
을 읽고 그 내용을 컴퓨터에 전송할 수 있을 것으로 보고
두뇌만 영하 135도로 유지시키는 상품을 개발했다.

그러나 뇌는 단순한 전기 장치가 아니다. DNA 하나
하나는 암호가 아니다. 보토 슈트라우스Botho Strauss(독일의
극작가, 소설가이자 수필가–옮긴이)가 묘사한 것처럼 "머
릿속의 잡다한 내용을 꺼내 디지털 세포 속에 집어넣는"
일은 쉽게 이루어지지 않는다. 그런데 우리의 멋들어진
뇌가 활동을 위해 필요로 하는 에너지의 양은 희미하게
전구를 밝히기 위해 필요한 양에 불과하다. 그 에너지 양
은 슈퍼컴퓨터 한 대 또는 2만 가구가 제대로 기능을 하
기 위해 필요한 총 에너지 지출의 100만 분의 1도 안 된
다. 영생으로 가는 길에는 밝혀야 할 일이 아직도 많은 것
같다.

20세기에 작가 수잔 에르츠Susan Ertz는 "비오는 일요
일 오후에 무엇을 해야 할지도 모르는 수백만 명의 사람
들이 불멸을 추구한다"고 썼다. 19세기 말 서구의 평균
수명은 겨우 40세 정도에 불과했는데, 오늘날에는 80세
로 두 배 이상 높아졌다. 위생 상태와 생활 환경 개선, 영
양의 증대, 의학적 발전 등에 힘입은 덕이다. 이러한 수명
연장은 점점 더 높은 연령대로 이어질 전망이다. 다만 그
렇게 되면, 특히 노후의 시간 동안 무엇을 할지 생각해 보
았는가? 영원히 살 수 있다면 누가 세상의 모든 시간을
원할까? 디지털화, 로봇 공학, 인공 지능을 통한 일자리
감소와 줄어든 수입을 보완해야 할 복지 예산을 생각하
면 벌써부터 한숨이 절로 나온다. 여가 시간이 너무 많다
고 불평한 인간이 여태 있었는가? 마르크스에 따르면 사
회적 환경이 우리의 의식을 결정한다. 다시 말해 우리의
자존감은 직업 활동에 달려 있지 않다. 인간이 여러모로
지구에 상당한 영향력을 미치고 있는 인류세人類世의 시대
에, 호모 데우스, 즉 인간은 마치 자신이 신인 것처럼 활
개를 치고 있다.

인간이라는 존재의 기반에는 항상 죽음에 대한 의식
이 깊이 뿌리내리고 있다. 물론 2000년대 초 트랜스휴머
니즘Transhumanism에 기반하여 창시된 테라셈Terasem교와 같
이 영생을 추구하는 생명공학적 연구와 진보에 종교적 신

넘을 바치는 집단도 있지만 말이다. 우리가 아무리 삶을 오래 연장한다 해도 절대로 영원할 수 없다. 우리의 삶이란 그저 영원의 한가운데를 스쳐간 짧은 순간에 지나지 않을 것이다. 그럼에도 불구하고 영생은 기독교 교리에도 포함되어 있으며, 전 세계 수많은 종교의 핵심적인 약속이기도 하다. 구약 성서의 신은 자신을 믿는 이들에게도 같은 것을 보장한다. 욥이 말했듯이 "그러한즉 그의 살이 청년보다 부드러워지며 젊음을 회복하리라."(욥기 33장 25) 영생에 대한 열망이 있는 한, 인류의 역사에서 젊음 숭배는 계속 존재할 것으로 보인다. 그리하여 비슈누Vishnu 신이 악마와 싸우던 중에 영원의 과즙 암리타Amrita를 떨어뜨린 곳이라는 인도 갠지스강에서 열리는 쿰브 멜라Kumbh Mela 축제에는 수십만의 힌두교 순례자들이 몰려든다. 물론 신앙의 가르침 밖에서도 청춘의 샘은 영원한 젊음의 원천으로서 불멸을 약속한다.

고대 신화에 따르면, 영원한 행복의 섬인 엘리시온에는 온갖 천상의 특징들이 깃들어 있다고 한다. 그리스인들이 엘리시온을 오케아노스Okeanos강의 원류가 위치한 서쪽 끝으로 지목한 반면, 최초의 중국 황제인 진시황은 불로장생의 영약을 찾아 온 나라를 뒤졌다. 그는 또한 연금술사 서복徐福과 함께 수천 명의 순결한 소년소녀들을 태운 60척의 배를 중국의 동쪽 바다로 띄워 보내서 불로

장생의 약을 찾아오게 했다. 하지만 서복은 마지막 항해에서 다시는 돌아오지 않았다. 그는 마법의 영약을 찾지는 못했지만 이후에 일본을 세운 인물로 여겨지고 있다. 진시황 또한 운이 다해서 기원전 259년에 49세의 나이로 일찍 세상을 떠났다. 1만 세대에 걸쳐 무한히 빛나고자 했던 진 왕조는 그가 죽고 난 후 3년 뒤 멸망했다. 중국의 '영원한 황제'는 그 죽음과 함께 불멸의 존재가 되었으며, 무덤 속의 그를 보호하기 위해 테라코타로 된 8천 명 이상의 병사와 기단, 마차가 함께 묻혔다.

만남
RENDEZVOUS

뒤러가 그린 자화상(1500년)

그냥 지나쳐도 된다. 하지만 잠시 멈추어 그 안에 들어갈 수도 있다. 그림은 뒤에서 당신을 부를 수도 없고 오디오 트랙으로 당신의 시선을 붙들지도 못한다. 알브레히트 뒤러Albrecht Dürer는 지금으로부터 5백 년도 더 지난 1500년에 모피 코트를 입은 자화상을 그렸다. 지난 200년간 뮌헨에서 그 그림을 볼 수 있었다. 오늘날 자화상은 알테 피나코테크Alte Pinakothek 미술관에 전시된 옛 독일 거장의 명화들 사이에 걸려 있다. 이 그림 속의 뒤러는 말로 자신을 표현하지 않는다. 초상화 속 그는 겨우 28세에 불과하지만, 느긋하고 자신감에 차 있는 모습을 보여 준다. 당신이 이 그림을 처음 보았을 때는 어깨까지 기른 머리를 하고 덥수룩하게 턱수염을 기른 자화상 속 예술가보다 더 젊었을지도 모른다. 그러다 변함없는 뒤러의 그림 속 인물보다 더 나이든 중년이 되어 다시 그림을 바라보면 이상한 느낌이 들 것이다. 그림 속 화가는 당신이 방 안의 어디에 있건 당신을 정면으로 바라본다. 눈썹 한 올 한 올을 일일이 다 볼 수 있을 정도다. 묵묵하고 철저하게 통제된 모습을 한 뒤러의 자화상은 청중을 전혀 필요로 하지 않으며 청중에게 아무런 관심이 없다.

그의 눈동자에는 창문 빗장이 비치고 있다. 그의 시선은 그 자체로 충분하다. 당신이 자화상 가까이에 서서 똑바로 반대편을 응시한다 하더라도 그림 속의 화가는 눈싸움에서 당신을 가뿐히 이길 것이다. 그의 시선을 견딜 수 있는 사람은 아무도 없다. 사실 자신의 자화상 앞에 놓인 벤치에 앉아 그림을 바라보는 모든 방문객을 질투 어린 눈으로 바라보며 내쫓아 버리고 싶어 하는 우리 같은 사람들은 애초에 그의 경쟁 상대가 되지 않는다. 인간은 신의 이미지에서 창조되었고, 뒤러가 선택한 구세주의 이미지도 그를 신처럼 보이게 한다. 자신감에 가득 찬 뒤러가 라쿤 털로 만든 화려한 외투를 입고 무대에 서 있는 모습을 바라볼수록, 인간이라는 존재의 무상함과 그 사실에서 오는 겸허함을 좀 더 절실히 느끼게 된다. 뒤러의 표정은 시간을 뛰어넘어 오랫동안 지속된다. 수백 년 후, 우리의 흔적마저 썩어 사라진 뒤에도 누군가는 우리가 지금 그를 보고 있는 것처럼 그를 바라볼 것이다. 자화상을 관조하기 위해서는 불에 탄 양초나 카드, 모래시계와 파리 같은 확실한 죽음의 상징물이 굳이 필요 없다. 우리 자신의 유한함을 깨닫기 위해서는 오로지 명상과, 뒤러의 자화상 앞에서 방해받지 않고 보낼 수 있는 시간이 필요할 뿐이다.

2016년 3월 도하 외곽의 카타르 재단에서 열린 셰이크 알마야사 빈트 하마드 빈 카리파 알타니Sheikha Al-Mayassa bint Hamad bin Khalifa Al-Thani(카타르 국립미술관의 관장이자 카타르의 공주-옮긴이)를 기리는 만찬에 참여한 공연 예술가 마리나 아브라모비치Marina Abramovic는 옆 사람에게 간단한 아이디어를 제안했다. 미술품 하나를 한 사람만 들어갈 수 있는 박물관의 작은 방에 잠시 놓아 두고, 그 방에 들어간 사람이 다른 방문객이나 관광객, 오디오 가이드 등에서 벗어나 진정으로 그림과 대화할 수 있는 시간을 선사하자는 생각이었다. 수십 년 전, 화가인 마크 로스코Mark Rothko는 미술품을 감상하기에 이상적인 장소로 고속도로 위에 작은 예배당을 만드는 것을 꿈꿨다. 메트로폴리탄 박물관의 전시장에 운동 기구들을 배치해 두거나, 각종 아트 페어에서 수백 개의 전시장에 동원된 수백 명의 화가와 예술가들의 수많은 작품이 한꺼번에 불쏘시개로 쓰이고 있는 이 시대에, 침묵과 공허함을 작품의 좌표 삼아 성찰하기를 권하는 아브라모비치의 외침은 더욱 절실하게 다가온다. 우리의 시각은 후각과 그리 다르지 않다. 화장품 가게에서 새로운 향수를 고를 때, 몇 가지 샘플의 향을 맡고 나면 여러 향의 차이를 거의 구별할 수 없게 된다. 따라서 급한 만남 대신 예술 작품과 관람객 사이의 진실된 만남이 필요하다. 큐레이터와 예술가들 모

1978년 4월 국제 공연 축제International Performance Festival 중 아브라모비치와 울라이

두 이것을 명심해야 한다.

도하에서 그러한 아이디어를 냈던 아브라모비치는 자신의 작품 활동에서도 선구자적 면모를 보였다. 그녀의 예술에서 잠시 멈추고 시간을 보내는 것은 작품 활동의 근본이 된다. 2010년 3월부터 5월 사이, 그녀는 일주일에 6일 동안, 하루 최대 열 시간 동안, 뉴욕 현대 미술관의 작은 나무 탁자 앞 의자에 침묵하며 앉아 있었다. 그녀와의 개인적인 만남에 참여할 용기를 가진 1,500명 이상의 방문객이 맞은편에 한 명씩 번갈아 자리를 잡았다. 상당수의 사람들이 눈물을 흘리거나, 깊숙한 곳을 건드리는 내밀한 경험에 감동을 받았다. 공연의 말미에 그 의자에 앉은 사람 중에는 아브라모비치의 과거 연인이자 1970년대 중반부터 같이 작업해 온 예술가 울라이Ulay도 있었다. 1988년에 마침내 두 사람은 헤어졌다. 당시 두 사람은 그들의 마지막 공동 작업인 〈연인: 만리장성 산책Lovers: The Great Wall Walk〉이란 특별한 만남을 이루어 냈다. 울라이는 고비사막에서 출발했고, 아브라모비치는 황해에서 출발했다. 90일에 걸쳐 2,500킬로미터를 걸어서 만난 두 사람은 함께 만리장성을 걸었다. "나는 갈 거야. 가고 말 거야. 오래전에 그와 약속했다. 삼만 삼천 걸음을 걸어 만리장성에서 만나기로. 첫 번째 걸음 후의 해돋이와 삼만 삼천 걸음 후의 해돋이." 아브라모비치는 자신의 여정을 이렇게 묘사했다. 두 사람이 마침내 만났을 때, 둘은 서로를 짧게 꺼안았다. 손을 잡고, 미소를 짓고, 눈물을 떨구었다. 끝났어, 이젠 돌아갈 수 없어.

아브라모비치가 자신의 발걸음을 세었던 것과 마찬가지로 화가 로만 오팔카Roman Opalka는 거대한 캔버스에 1번부터 시작하여 연속적으로 모든 숫자를 그리기 시작했다. 그의 작품 〈1965/1-∞〉는 숫자 7777777까지 나아가는 것이 명시적인 목표였지만, 그가 죽기 전에 그린 마지막 숫자는 5607249였다. 4년 반 동안 그린 그림에서 그는 숫자 사이에 쉼표나 점 같은 것을 전혀 사용하지 않았다. 헨켈 AG의 전 CEO이자 숫자를 잘 아는 사람인 울리히 레너Ulrich Lehner는 2018년 초 뒤셀도르프Düsseldorf에 있는 쿤스트팔라스트Kunstpalast 박물관에 전시된 오팔카의 작품 612464-638092을 보다가 622008과 622010 사이에 622009가 사라진 것을 알아차렸다. 반면 일본의 개념 미술가인 온 카와라河原温의 작품에서는 이런 일이 일어나지 않았다. 〈백만년-과거(1969년)〉와 〈백만년-미래(1981년)〉에는 수천 페이지에 걸쳐 BC(기원전)나 AD(기원후)로 표시된 연도가 단정하게 인쇄되어 있다. 2년마다 한 번씩 열리는 미술 축제이자 공연이기도 한 그의 전시회에는 남녀가 모여 작품 속 미래와 과거의 숫자를 번갈아 소리 내어 읽고, 이 모든 낭송은 기록된다. 2014년 타계한 온 카와라의 재단에서는 이 프로젝트가 완성되려면 100년 이상이 걸릴 것으로 예상한다.

미국의 개념 미술가 조셉 코수스Joseph Kosuth와의 특별한 만남에서는 그보다 훨씬 더 광대한 시간이 역할을 한다. 아인슈타인이 좋아하는 농담이 후세를 위해 보존된 것은 그의 덕분이다. 함부르크에서 열린 전시회에 이어 한 수집가의 빌라에서 열린, 자신을 기리는 성대한 환영회에서 코수스는 오랜 여행과 특별 전시회에서의 강연 등에 지친 몸을 쉬려고 잠시 한적한 뒷방으로 들어갔다. 그 방에서 그는 자기보다 먼저 와 있는 한 남자를 만났다. 그 남자는 희끗하게 센 머리칼에 아인슈타인과 꽤 닮은 외모를 하고 있었다. 남자는 화가에게 그가 조셉 코수스인지 물었다. 자신을 알베르트 아인슈타인의 조카라고 소개한 남자는, 코수스가 농담을 수집하고 있다는 것을 알고는 삼촌이 가장 좋아했던 농담을 들려주었다.

인간과 신이 만났다. "하나님, 당신에게 1억 년이란 무엇인가요?"라고 인간이 물으니, 하나님께서 대답하셨다. "그저 한순간일 뿐이야." "그러면 당신께는 1억 달러는 무엇인가요?" "그저 한 푼에 불과하지." 그 말을 듣고 인간이 말했다. "오, 하나님. 저에게 한 푼만 주시면 안 될까요?" "당연히 되지. 한순간만 기다리게나."

주어진 것

GEGEBEN SEI

사진작가 만 레이Man Ray가 촬영한 뒤샹의 사진

증기선 '파리'에 탑승한 두 사람은 그전까지는 서로 어렴풋이 알던 사이였다. 줄리앙 레비Julien Levy는 막 21살이 되었고, 화가 마르셀 뒤샹Marcel Duchamp은 39살이었다. 1927년 2월, 뉴욕에서 프랑스의 르아브르까지 가는 8일간의 항해였다. 거의 2천 명의 승객이 같은 배를 타고 있었다. 그곳에서 두 사람이 대화를 시작하게 됐다. 줄리앙 레비의 아버지인 에드거 A. 레비Edgar A. Levy는 몇 달 전 아들의 권유로 뒤샹이 주최한, 뉴욕에 본부를 둔 브루머갤러리 전시회에서 루마니아 조각가 콘스탄틴 브랑쿠시Constantin Brancusi가 만든 조각품을 입수한 적이 있었다. 뒤샹의 짐은 주로 파리에 있는 브랑쿠시에게 가져다줄 팔리지 않은 열다섯 점의 작품으로 구성되어 있었다. 반면 미국의 전위적인 전시회 주관자이자 초현실주의를 사회에 퍼트린 장본인인 레비는 실험 영화에 대한 노트를 가지고 있었다. 그는 뒤샹의 추천을 받아 미국 사진가이자 화가인 만 레이의 파리 스튜디오에 있는 카메라로 영화를 찍는 꿈을 실현하고자 했다.

두 남자는 가끔 아르데코 라운지에서 만나 베르무트(포도주에 향료를 넣어 우려 만든 술. 흔히 다른 음료와 섞어

칵테일로 마신다.-옮긴이)와 맥주를 마시고, 담배를 피우며 이야기를 나눴다. 뒤샹이 체스를 두기 위해 물러갈 때까지 그들은 즐겁게 시간을 보냈다. 예의 바른 대화가 잔잔한 대서양처럼 떠다녔고, 배들은 서로 부딪히지 않고 나아갔다. 당시 일기를 쓰지 않았던 줄리앙 레비가 훨씬 나중인 1970년대 후반에 회고록을 쓸 때 떠올린 기억 몇 개를 제외하고는 모든 것이 그저 흘러갔다. 뒤샹은 어떤 물체의 윤곽을 종이에 스케치한 모습과 그것에 연결된 두 개의 전선을 다루는 모습을 보여 주었다. "뒤샹은 나에게 여성의 신체를 기계로 만들고 있다고 말했다. 웃으면서 실물 크기의 인형을 어떻게 만드는지 얘기해 주었다. 원격으로 조종하는 기계 여성은, 머리에 내장된 레버를 작동하면 자체적인 윤활 기능과 수축 기능을 가진 질 속의 홈과 볼 베어링이 움직일 수 있도록 구성되어 있다고 했다. 이 레버를 손을 쓰지 않고 전선을 사용하여 작동할 수 있다는 것이었다."

레비의 회고록에 나오는 이 같은 이야기 때문에 뒤샹을 여성 혐오자로 고발하는 것은 너무 성급한 일이다. 뒤샹은 수많은 여성 예술가들이 경력을 쌓는 데 도움을 준 인물이다. 자신도 별로 가진 것이 없음에도 가난한 예술가였던 베아트리체 우드Beatrice Wood의 손에 조심스럽게 돈을 쥐어 주기도 했다. 또 1920년부터는 스스로 여성으로서의 분신을 창조하여 에로즈 셀라비Rrose Sélavy['Eros, c'est la vie(사랑, 그것이 인생이다)'와 동음-옮긴이]라는 이름으로 부르기도 하고, 1942년에는 페기 구겐하임Peggy Guggenheim에게 31인의 여성 작가들을 위한 전시회를 뉴욕 갤러리에서 열도록 북돋아 주었다.

하지만 당시 뒤샹이 레비에게 얘기한 자신의 관심사는 전혀 다른 성질의 것이었다. 이후 뒤샹이 거의 전 생애를 바치게 된 작업을 거의 40년 이상에 걸쳐 분주하게 수행했다는 사실은 그들의 대화를 통해 증명되었다. 뒤샹은 필라델피아 미술관에서 시간을 들여 연구와 스케치, 미술품 설치에 공을 들였다. 그는 1968년 죽기 전까지 첫 번째 사후 설치 미술인 〈에탕 도네[주어진 것]: 1. 가스등 2. 폭포Étant donnés: 1. Das Leuchtgas 2. Der Wasserfall〉를 완성하는 데 매진했다. 오늘날 우리는 미술관에서 이 작품을 볼 수 있다. 특별히 만들어진 전시 공간 뒷벽에 벽돌 아치 모양으로 액자를 붙인 거대한 나무문이 있고, 여기에 뚫린 두 개의 구멍을 통해 작품 감상자는 벌거벗은 여자의 몸을 볼수 있다. 나뭇잎과 잔가지 위에 누워 있는 벌거벗은 여자는 면도한 음부를 넓게 벌려 감상자에게 보여 준다. 폭포수가 흐르고 거의 구름 한 점 없는 푸른 하늘이 있는 숲 풍경 한가운데에서 그녀는 왼손으로 이글거리는 가스등을 들고 있다. 여자의 얼굴은 나무문과 풍경 사이에 놓인 벽돌로 된 담에 가려져 있다.

〈에탕 도네〉는 뒤샹의 사랑과 강박관념, 육체적·지적 성향은 물론 그의 온갖 열정이 골고루 섞인 종합 예술 작품이다. 뒤샹은 '욕망의 여인'이라 부른 육체를 만들기 위해 당시 자신과 매우 가까웠던 세 여성의 몸을 본떠 사용했다. 제본 기술자였던 메리 레이놀즈Mary Reynolds와 뉴욕 주재 브라질 대사의 부인이었던 마리아 마틴스Maria Martins, 그리고 뒤샹과 약혼한 사이이자 앙리 마티스의 아들의 전처였던 알렉시나 새틀러Alexina Sattler가 그들이었다. 무엇이 〈에탕 도네〉 속 여자의 머리카락 색을 초현실주의자 마틴스의 갈색에서 미국 여성인 새틀러의 금발로 바꾸게 했는지는 누구도 모른다. 뉴욕의 비밀 스튜디오를 빌려 아주 은밀하게 작업했던 뒤샹의 작품에 대해 아는 이는 거의 없었다. 뒤샹은 자신의 좌우명에 그야말로 충실했던 셈이다. "내일의 위대한 예술가는 지하로 가고 싶어 한다."

그 과정은 놀라울 것도 없다. 이 예술가는 젊은 시절에도 전문적인 체스 선수가 되려고 오랫동안 미술계를 떠나기 전, 10년 이상 시간을 들여 유리를 소재로 한 작품을 만든 적이 있다. "뒤샹 최고의 작품은 시간을 이용한 것이었다."라고 그의 절친한 친구인 작가 앙리 피에르 로셰 Henri-Pierre Roché는 증언했다. 평론가 로버트 르벨Robert Lebel

은 뒤샹을 단순하게 '여가의 발명가'라고 불렀다. 1959년부터 뒤샹의 작품을 기재해 온 그의 카탈로그에는 209점 미만의 작품이 수록되어 있다. 뒤샹은 이와 관련된 질문을 받자 자신의 게으름을 숨기기는커녕 작업하는 대신 숨을 쉬면서 시간을 보낼 수 있어서 스스로 얼마나 만족했었는지를 밝혔다. 그러나 〈에탕 도네〉를 그리던 뒤샹의 비밀 작업을 생각해 보면 그런 진술을 곧이곧대로 받아들일 필요는 없을 것 같다.

그가 작품을 만들기 전에 생각에 많은 시간을 들였다는 사실에는 논쟁의 여지가 없다. 프랑스어로 '지연Retard', 즉 늦춤과 연기라는 용어는 대중이 예술가의 의미나 지위를 평가하는 데 있어서 어떤 역할도 하지 않는다는 뒤샹의 확고한 신념만큼 중요하다. 50년, 100년 후에도 불멸의 작품으로 남아 있을지 결정하는 것은 오직 후대일 뿐이다. 후대의 견해조차도 끊임없이 수정되는 룰렛 게임과도 같다. 뒤샹의 〈에탕 도네〉는 앤디 워홀과 한나 윌크Hannah Wilke부터 제프 쿤스Jeff Koons와 로버트 고버Robert Gober에 이르기까지 수많은 예술가들에게 영감을 주었다. 심지어 아이슬란드의 팝 가수 비요크Björk도 인터뷰에서 "이 작품이 20세기를 완전히 변화시켰다"고 말했다.

고요하고 잔잔하며 경제적인 방식으로 시간을 활용한 뒤샹이 20세기 모더니즘의 가장 중요한 선구자 중 한 명으로 간주되는 것은 물론이고, 21세기에도 그 영향력을 잃지 않은 것처럼 보인다는 점에 주목할 필요가 있다. 뒤샹은 대단한 책벌레는 아니었지만 젊은 시절에 화가였던 친구 프란시스 피카비아Francis Picabia의 추천으로 니체의 책을 읽었다. "할 말이 많다면 일단 침묵을 지켜야 한다. 번갯불을 일으키고 싶은 사람은 반드시 구름으로 오래 머물러 있어야 한다." 이런 니체의 말에 따르자면, 뒤샹의 첫 단독 전시회가 76세 때 미국 서해안의 작은 박물관에서 열렸다는 것은 놀라운 일이 아니다. 그가 니체의 격언을 알고 있었는지는 알 수 없다.

미술계와 미술 시장이 거의 일치하고 미술 시장이 젊은 예술가에게 점점 더 많은 작업을 요구하는 이 시대에, 지나치게 작품을 빨리 만들고 전시하려는 예술가들에게 저 니체의 말을 속삭여 주고 싶다. 젊은 예술가 중 극소수만이 성스러운 작업실에서의 고요한 실패와 빠르게 움직이는 세상의 관심과 영광을 맞바꾸는 것이 얼마나 위험한지 알고 있다.

'밖으로 드러내는 것'과 우리가 그럴싸하게 뒤집어쓰고 있는 '변장' 사이에서 "홀로 남은 개인의 외로운 폭발과의 연관성은 찾아보려야 찾아볼 수 없다."라고 뒤샹은 말했다. '인스턴트 예술'과 세상의 모든 영역을 사로잡은 속도에 대항하는 예술가로 일찌감치 자리 잡았던 뒤샹이기에 할 수 있는 말이었다. 그는 위대한 예술에는 항상 시간이 필요하다고 이야기했다. 이 말을 뒷받침해 주듯, 감상자의 눈에는 보이지 않지만 〈에탕 도네〉 속 여자의 오른쪽 팔에는 뒤샹이 손으로 쓴 작품의 제목 그리고 1946~1966이라는 작품 제작 연도가 적혀 있다.

스프레자투라
SPREZZATURA

게으름을 칭찬하지 말라. 그것은 일곱 가지 치명적인 죄악 중 하나다. 그러나 아마 조상들은 오늘날 우리보다 훨씬 적게 일했을 것이다. 3만 년 전에 살았던 석기 시대의 수렵꾼이나 채취꾼 들은 단지 몇 시간 동안 동료들과 힘을 합해 일한 후 아주 긴 시간 동안 휴식을 취했을 테다. 그들은 끊임없이 스트레스에 시달리거나 노동의 의미에 대해 골머리를 앓지 않아도 됐다. 다만 아무것도 하지 않음은 일상적인 생존의 문제와 직결되었기 때문에, 구석기 시대에도 노동은 선택의 여지가 없는 필수 사항이었다. 비록 생존 문제가 오늘날 지구상에 사는 인간들에게는 훨씬 덜 중요한 문제가 되긴 했지만, 게으름에 대한 태도는 수천 년 동안 거의 변하지 않았다.

1883년 폴 라파르그Paul Lafargue(19세기에 프랑스에서 주로 활동했던 사회주의자-옮긴이)가 주창한 '게으를 권리' 역시 혁명 후의 위대한 업적으로 당시 찬양받았던 '노동의 권리'를 깎아내리기 위한 것에 지나지 않는다. 라파르그가 옹호하는 것은 결코 완전한 무無활동이 아니다. 그는 단지 프롤레타리아가 하루에 최대 열두 시간의 노동을 하는 것은 사실상 노예 상태와 같음을 경고하려

했을 뿐이다. 라파르그의 이상적 풍자는 '본능을 부정하고 노동의 도그마에 유혹 당한 노동자가 겪는 괴로움'을 지적하기 위함이었다.

　노동에 대한 광신적인 열정에서 모든 개인적·사회적인 불행이 발생한다. 니체도 비슷한 위험을 감지했다. "우리는 성급하고 외설적이며 땀에 젖은 의지로 모든 것을 한꺼번에 '끝내' 버리기를 원하는 '노동'의 세상 한가운데에 살고 있다. 사람들은 이미 휴식을 부끄러워한다. 긴 명상은 사람들에게 양심의 가책을 느끼게 한다. '아무것도 하지 않는 것보다 무언가를 하는 것이 낫다'는 원칙 역시 모든 교육과 모든 고상한 취향을 끝내기 위한 끈이다." 니체가 관찰한 것은 오로지 그 시대에 나타난 새로운 현상만은 아니었다. 기원전 4세기 초, 아펠레스Apelles(알렉산더 대왕 시대의 그리스 화가-옮긴이)는 야망은 매우 컸지만 그다지 성공을 거두지는 못했던 동료 화가인 프로토제네스Protogenes에게 너무 지나친 부지런함은 해롭다고 경고했다. '때때로 아무것도 하지 않는 사람 외에는 누구도 자유롭지 않다'라는 라틴 속담을 알고 있을 것이다. 적어도 고대의 지배 계급에게 있어서는 휴식Otium과 여유, 그리고 자유 시간이 없는 일이란 생각할 수 없었다.

　게다가 주인공이 사소한 일조차 완전히 거부하는 문

학 작품은 어떤가? 허먼 멜빌의 작품 속 주인공인 필경사 '바틀비'나 이반 곤차로프의 작품 속 주인공 '오벨로모프'는 19세기 중반에 등장한 게으른 고행자 부류다. 하지만 독자는 이들이 스스로 선택한 게으름으로 인해 결국 멸망한다는 사실을 깨달았다. 곤차로프가 주인공의 우유부단함을 미화하기 위해서가 아니라 그 비참함을 묘사하기 위해 거의 100페이지에 걸쳐 고된 글쓰기 노동을 했다는 사실을 잊어서는 안 된다. 사랑조차도 오벨로모프의 무기력함을 없애지는 못했다. "아무것도 하지 않는 것은 가장 어려우며 동시에 가장 위트가 필요한 일이다." 오스카 와일드의 무위에 대한 묘사를 보면 마치 이들이 가장 신성한 존재인 양 여겨진다. 하지만 우리가 알아야 할 점이 있다. 이 말을 한 오스카 와일드는 19세기 말에 수년 동안 오늘날까지도 공연되거나 읽히고 있는 연극과 중요한 소설, 에세이를 숱하게 창작한 예술가라는 사실이다. 그의 문장을 게으름에 대한 허가증으로 받아들여서는 안 되는 이유다. 게으름은 왕의 필수 조건이 아니다. 무관심과 무기력함은 어리석음과 단조로움을 낳는다. 토마스 만은 『마의 산』에서 다음과 같이 썼다. "기나긴 시간은 방해받지 않는 획일성 속에서 끔찍하게 오그라들고 매일이 그날이 그날 같아진다. 완벽하게 획일적인 나날이 계속되면 아무리 긴 인생이라도 짧기만 하고 눈 깜박할 사이에 끝나 버릴 것이다."

물론 우리는 지루함을 견디는 법을 배워야 한다. 고된 일상 속에서 지루함이란 친밀한 관계 속에서 공유하는 침묵처럼 반가운 일탈일 수 있다. 다만 이 침묵은 활동의 지루함과 같이 언제든지 교환될 수 있는 조건이다. 지루함이 영원한 상태로 계속되는 것은 우리가 죽음에 기대할 수 있는 무위의 상태와 다를 바 없기 때문이다. 게으름에 대해서도 마찬가지다. 신중한 관찰자였던 사회학자 및 경제학자 소스타인 베블런Thorsten Veblen이 1899년에 쓴 『유한 계급론』은 현재까지도 유효한 책이다. 그 책에 따르면, 시간을 낭비하는 행위는 기껏해야 비생산적인 최고 유한 계층이나 감당할 수 있는 퇴폐적인 사치다. 오늘날에는 상류층에게조차 수천 개의 유의미한 활동이 필수적이며, 직장인을 위한 치유 프로그램에서도 완벽한 무위는 대안으로 환영받지 못한다.

16세기 초 이탈리아 작가 겸 외교관이었던 발다사레 카스티글리오네Baldassare Castiglione는 르네상스 시대의 문화생활과 행동 양식 그리고 우르비노 공작의 귀족 놀이를 다룬 책 『조신론朝臣論, Der Hofmann』을 내놓았다. 이 책에서 처음 사용된 '스프레자투라Sprezzatura(노력하고 신경 쓴 사실을 드러내지 않는 일종의 가장된 무심함의 태도-옮긴이)'라는 용어는 태연함이나 무사태평함 같은 단어로 번역될 수 없다. 왜냐하면 이는 비활동성과는 전혀 관계없는 단어이기 때문이다. 오히려 무심함 혹은 오늘날 우리가 '쿨하다'고 여기는 태도가 정확하지는 않더라도 당시 스프레자투라에 대한 카스티글리오네의 해석에 더 가깝다. 스프레자투라를 내뿜는 사람은 언제나 신중하고 느긋하다. 스프레자투라는 가식이나 치장 없이 힘들이지 않고 자신을 내보이는 태도다. 타인에게 본인의 작업장 내부를 보이지 않고 품위와 의지를 지키는 방식이다. 스프레자투라는 폭풍우 속의 고요한 눈이며 고된 노동 속의 가벼움이다. 자연스럽고 완벽하게, 그러나 무심하게 쓰인 듯한 사랑의 선서가 알고 보면 몇 주에 걸쳐 밤마다 고치고 또 고쳐 쓴 세심한 창작의 산물이라는 사실을 연인이 알아채서는 안 된다. 품위를 배워서 얻는 데는 한계가 있다지만 절제와 겸손이 그 스승이 될 수 있다. 스텐 나돌니Sten Nadolny의 『느림의 발견』과 밀란 쿤데라Milan Kundera의 『느림』이 칭송했던 느긋하고 신중한 성격은 '잠시 멈춤'과 기억이라는 요소로부터 힘을 얻는다. 이 힘은 결국 어떤 속도보다 더 뛰어난 것이다.

스트레스 받으며 성급하고 바쁘게 사는 삶. 쌓여 있는 일에서 터져 나오는 영원한 신음소리와 번아웃을 유발하는 '다모클레스의 검(권력의 무상함과 위험을 강조한 서양 속담-편집자)', 느리게 살기 운동은 이 모든 것을 휘게

Hygge(편안함, 따뜻함, 아늑함, 안락함을 뜻하는 덴마크어·노르웨이어—옮긴이)와 요가, 명상 그리고 휴식을 주는 애플리케이션으로 없애려 시도한다. 하지만 이런 방법 역시 회복과 휴식을 보장하지는 못한다. 내면의 진정한 균형과 평온함은 구원을 약속하는 것만으로는 이루어질 수 없다. 그건 그저 하나의 수정적 태도에 불과하다.

반면 스프레자투라, 평온함과 고요함은 그 자체가 핵심적인 요소다. '여유를 갖고 서둘러라Eile mit Weile'라는 말은 반대 성격의 단어를 통합하려는 점에서 모순적인 속담으로 여겨진다. 그렇지만 서두르다 오히려 신속하게 일을 처리하지 못하는 상황을 우리는 일상적으로 겪기도 한다. 일은 성취감과 행복의 원천이 될 수 있다. 즐거운 기분과 힘든 일은 서로 배타적이지 않다. 밥벌이를 충분히 하면서도 사랑하는 사람을 잃지 않고, 그 누구에 대해 걱정할 필요도 없으며, 욕구에 시달리지도 않고, 잠재력을 마음껏 펼치며 자신의 모험적 성향과 탐험가로서의 한계를 받아들일 수 있다. 자기 내부에 울려 퍼지는 메아리를 흡수할 수 있도록 스스로에게 충분한 시간을 내어 줄 때 우리는 비로소 배움을 통한 이익을 누릴 수 있다. 당신이 가장 가치를 두는 일에 매진할 때, 거기서 잃은 것보다 더 많은 에너지가 생겨나며 대부분의 문제와 도전은 다루기 쉬운, 해결할 수 있는 과제가 되는 것이다.

지구라는 우주선

RAUMSCHIFF ERDE

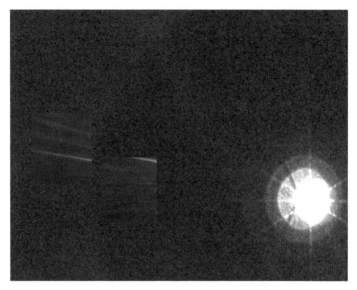

1990년 2월 14일에 보이저 1호가 보낸 사진

적도에서 지구는 거의 시속 1,700킬로미터의 속도로 회전한다. 동시에 지구는 시간당 10만 킬로미터 이상의 속도로 태양 주위를 돌고 있고, 여덟 개의 행성을 가진 우리 태양계는 60분마다 약 80만 킬로미터의 속도로 은하수 중심을 돈다. 은하수에는 최대 4억 개의 다른 별들이 존재한다. 또한 우주 망원경을 통해 우리가 볼 수 있는 범위 내의 우주에는 2,000억 개 이상의 은하가 있다. 이 엄청난 숫자들은 왜 우리를 어지럽게 만들까? 일단 이 숫자들은 영어로 '유쾌한 사실Fun Facts'이라고 표현되는 종류의 지식을 우리에게 전한다. 여기에는 우리의 인식 범위를 넘어서는 우주에 대한 잡다한 지식이 총망라되어 있다. 그러니 조금만 더 계속해 보자.

은하수와 그 주변의 은하들은 대략 한 시간 동안 적어도 3백만 킬로미터 이상의 속도로 거대 인력체를 향해 이동한다. 이 거대 인력체는 질량이 태양의 1경(10의 16제곱) 배 이상 되는, 거대한 별들의 군집이다. 또한 우리 행성계는 약 45억 년 된 것으로, 적색 거성이 된 태양이 지구의 궤도까지 팽창하여 지구를 삼키려면 다시 그만큼의 시간이 소요되리라 예상된다. 그때쯤이면 우리 지구에는 이미 더 이상 생명체가 존재하지 않을 것이다. 우리는 지구의 종말에 대해 자주 이야기하지만, 사실 그것은 발생한 지 20만 년밖에 되지 않은 우리 인류의 종말에 대한 것으로, 우주의 입장에서 보면 하찮은 과정에 불과하다.

우리 대부분은 인류가 지구의 생물학적·지질학적·기후적 조건에 결정적인 영향을 미친다고 생각한다. 지구 온난화부터 핵폭탄, 플라스틱 쓰레기와 원자력, 인공 지능, 생물 다양성의 퇴보에 이르기까지, 스스로를 멸종시킬 수 있는 인간이 자멸할 방법을 찾고 있다고 말이다. 그러면 결국 인류에겐 무엇이 남을까? 적어도 금박 구리판을 타고 현재 지구에서 200억 킬로미터가 넘는 성간 공간을 날아가고 있는, 독일어 연구가인 레나테 본Renate Born 이 네 개의 단어를 이용해서 남긴, '모든 존재들에 다정한 인사를Herzliche Grüße an alle!'이라는 인사말 정도는 남지 않을까. 보이저 1호 우주선에 실린 여러 나라의 인사말은 현재 뱀주인자리Ophiuchus를 향해 시속 5만 킬로미터 이상의 속도로 나아가고 있다. 1977년 미국 케이프커내버럴에서 발사된 이 우주선은 2025년까지 지구로 신호를 보낼 것이다. 그동안 보이저 1호는 목성과 천왕성, 해왕성, 특히 토성의 탐사에 탁월한 공헌을 했을 뿐 아니라, 최근에는 태양권 탐사에도 커다란 기여를 했다.

1990년 밸런타인데이에 태양계의 가장자리에 도달한 보이저 1호는, 밝고 조그맣게 빛나는 푸른 행성인 지구의 모습을 사진으로 기록하기 위해 지구 방향으로 카메라를 돌렸다. 보이저 1호는 100개가 넘는 영상과 소리, 음악, 독일어를 포함하여 수메르어부터 펀자비까지 55가지 언어로 된 인사말이 실린 원반을 우주선 외부에 부착한 채 운반하고 있다. 우주 광선을 차단하기 위해 알루미늄을 입힌 이 LP 레코드의 이름은 '지구의 소리The Sound of Earth'다. 이 금빛 레코드는 천문학자이자 작가인 칼 세이건Carl Sagan을 필두로 제작한 것인데, 전쟁이나 질병, 범죄와 종교, 가난에 대한 소리나 이미지를 포함하지 않았다는 이유로 비난에 직면해야 했다. 반대로 어떤 이들은 지구의 위치를 상세히 알려 주는 그래프를 포함해 지나치게 많은 정보가 들어 있다고 생각했다. 세이건의 동료이자 물리학 노벨 수상자인 마틴 라일Martin Ryle은 외계인이 여기에 담긴 정보를 이용해 우리를 공격하고 파괴할 수 있다고 우려했다.

수억 개의 별을 가진 수십 억 개의 은하가 있음에도 불구하고, 진공으로서의 우주는 이 모든 것을 담고도 거의 비어 있는 상태다. 1960년대 중반부터 방영되었던 TV 시리즈 〈스타트렉〉이 이미 알고 있었던 것처럼 '무한한 너비'를 가지고 있는 것이다. NASA에 따르면, 보이저 1호가

황금으로 제작된 '지구의 소리' 레코드

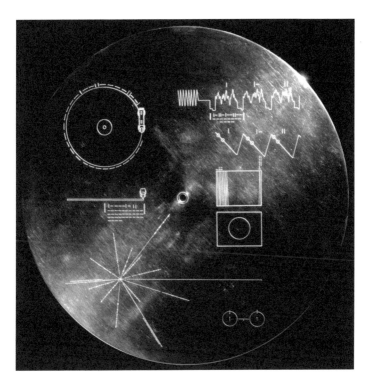

'지구의 소리' 커버

궁극적인 타임캡슐로서 다른 항성계에 근접하기까지는 아직도 약 4만 년이 더 걸릴 것이라고 한다. 다시 말해 보이저 1호가 아직 탐사되지 않은 기린자리의 항성 'AC+79 3888'에서 1.7광년 떨어진 공간을 지나가게 된다는 것이다. 보이저호의 황금 레코드는 5억 년 동안 살아남을 수 있을 테다. 만약 외계 생명체가 어딘가에 존재한다면 우주 탐사선도 그들에 의해 발견될 수 있을까? 건초 더미 속의 바늘은 비교조차 할 수 없다. 사막에 있는 모래 한 알조차 우주 속의 보이저 1호와 비교하기에 적절하지 않다. 게다가 외계인들이 금문교나 토론토국제공항, 타지마할의 사진들, 혹은 루트비히 판 베토벤의 열세 번째 현악 사중주를 녹음한 음향을 가지고 무엇을 하겠는가? 만약 이들이 레코드에 담긴 내용을 해독한다 해도 뭘 어쩌겠는가?

우리 인간조차도 수천 년 전 조상들이 창조한 지구상의 원형 유물들의 의미를 이해하기 위해 애쓰고 있다. 파이스토스Phaistos(크레타섬 중남부에 있는 고대 도시-옮긴이)의 원반, 네브라 스카이 디스크Nebra Sky Disc(천문 현상을 구체적 실체로 묘사한 것으로는 세계에서 가장 오래된 청동 원반-편집자), 또는 스톤헨지Stonehenge의 동심형 현무암 석비 등이 그것이다. 아무튼 우주에서 우리가 보낸 메시지가 해독될 수 있을까를 또다시 묻는다. 보이저호의 데이터 장치 말고 우리에게 남는 것이 무엇일까? 다음과 같은 두 행성의 대화는 지속 가능한 환경을 추구하는 이들만이 즐겨 하는 농담은 아니다. 다른 행성이 지구에게 묻는다. "왜 그래? 너 정말 아파 보인다." 그러자 지구가 대답했다. "호모 사피엔스 때문이야." 다른 행성이 웃으며 지구를 달랜다. "걱정 마, 좀 있으면 멸망할 거야."

미국의 작가 수전 손택은 베트남 전쟁이라는 잔학무도한 역사의 맥락에서 백인을 인류 역사의 암으로 묘사한 적이 있다. 하지만 우리는 인간이 멋지고 위대하며 오래 지속될 어떤 것을 창조할 수 있다는 사실 역시 알고 있나. 소행성 충돌이나 화산 폭발과 같은 자연재해, 외계에서 비롯된 전염병이나 외계인으로 인한 지구 파괴, 최후의 심판, 이 모든 것들에도 불구하고 수억 년 동안 지구라는 행성 속에서 우리의 운명을 짊어진 존재는 바로 우리 인간이고 앞으로도 그럴 것이다. 시스템 이론가이자 건축가인 버크민스터 풀러Buckminster Fuller는 1968년에 처음으로 『우주선 지구호 사용 설명서』를 발표했는데, 그 설명서를 이해하기 위해서 NASA의 우주 프로그램에 대한 지식은 거의 필요 없었다. 왜냐하면 우리 모두는 이미 우주에 살고 있기 때문이다. 그와 동시대의 예술가 마셜 매클루언Marshall McLuhan이 그보다 4년 앞서 말한 것처럼, "지구라는 우주선에는 승객이 없다. 우리는 모두 승무원이다."

블랙 스완

SCHWARZE SCHWÄNE

급격한 변화는 경제계 전반을 완전히 뒤흔들거나 심지어 산산조각내기도 한다. 요즘에는 숫자나 차트 없이 사진과 그림을 통해 자료를 시각적으로 이해할 수 있도록 만든 파워포인트 프레젠테이션을 사용하지 않는 기업이 없을 정도다. 이런 예만 보더라도 기술 혁신이 어떻게 기존 비즈니스 모델을 대체하고 있는지를 잘 알 수 있다. 또 다른 예를 들자면, 1920년대 뉴욕 브로드웨이를 찍은 사진에는 무수한 마차들 사이에 자동차가 두어 대 서 있는 것이 보인다. 반면 10년이 지난 후에는, 금속 제품의 바다 한가운데 드문드문 서 있는 말들을 겨우 알아 볼 수 있을 뿐이다. 미래의 교황이 결정되기를 기다리며 성 베드로 광장에 서 있는 군중의 뒷모습을 보여 주는 사진도 그렇다. 교황 베네딕토 16세가 선출되었던 2005년만 하더라도 광장에서 촛불을 들고 기다리는 군중을 꽤 볼 수 있었다. 2013년에는 성 베드로 광장 전체가 초조하게 치켜든 수천 개의 스마트폰 화면으로 환하게 밝혀졌다.

변화에 준비되지 않은 전통적인 기업을 강타하는 사건들은 예측할 수 없는 결과를 초래한다. 그 과정을 경제학에서는 '블랙 스완 이론Black Swan Theory'이라고 부른다. 누구도 흑고니라는 존재를 예측하지 못했듯, 빠른 변화는 종종 우리가 새로운 상황에 적응할 시간을 주지 않는다. 예를 들어 19세기 말 미국에서 번창하던 얼음 무역 사업은 9만 명의 노동자를 고용했고, 연간 매출액이 거의 10억 달러(약 1조 1,612억 원)에 달했다. 얼음 사업 전반은 북부의 고지대 호수에서 미국 전역의 병원, 식료품점, 상점, 술집으로 수십만 톤의 얼음을 빠르고 효율적으로 운반하는 것에 집중되어 있었다. 치열한 경쟁으로 인해 배송 시간을 어떻게 하면 줄일 수 있을지 다들 골몰했다. 어떻게 하면 얼음을 얻는 절삭기와 집게의 성능을 최적화할 수 있을까? 운반용 마차는 4필용, 6필용 아니면 8필용 마차가 더 적당할까? 언제 어디서 얼음을 기차에 적재하는 것이 효율적일까? 그러다 누군가 냉장고를 발명했다. 예상 외로 빠르게 진행된 냉장고의 승리는 전혀 예측된 바가 없었다. 『얼음 무역 잡지』는 자체적으로 『냉장 세계』라고 잡지 이름을 개명하기까지 했다. 그다음 일들은 역사가 말해 준다.

성공만으로는 다가오는 흑고니로부터 스스로를 보호할 수 없다. 성공은 사람을 배부르게 만든다. 그러다 보니 사업상의 단점에 눈을 감는 경우가 종종 생긴다. 사업이 잘되다 보면 충고를 귀담아 듣지 않는다. 지금 모든 일이 잘되어 가고 있지 않은가? 그런데 왜 굳이 변화해야 한단 말인가? 현재 성공한 이들에게는 건설적 비판조차 그저 성가신 잔소리로, 합리적 경고도 파멸의 예언으로 들린다. 희망에 근거한 사고와 과대평가는 궁극적으로 계획상의 실수로 이어진다. 노벨 경제학상 수상자인 대니얼 카너먼Daniel Kahneman이 저서 『생각에 관한 생각』에서 밝힌 것처럼, 빠르고 본능적이며 감정적인 사고 외에도, 느리고 계획적이고 이성적인 사고 과정이 근본적으로 중요하다. 하지만 현실 세계에서는 일일 매출액에 대한 의존, 이익 마진 및 대차대조표에 대한 가차없는 분석, 경제적 핵심 데이터가 보여 주는 급박한 타이밍 등으로 인해 정신없이 빠른 결정을 내릴 수밖에 없다. 경제 지표에서 볼 수 있는 급격한 분기별 성장세는 우리를 몰아세우는 눈가리개 때문에 가능했던 셈이다.

시간은 모든 자원 중에서 가장 희소한 자원이다. '가장 바쁜 사람이 생존한다'는 주문은 결국 그 대가를 치러야 한다. 『하버드 비즈니스 매니저』에 따르면, 현재 CEO들에게 가장 큰 과제는 성공적인 시간 관리라고 한다. 현대의 조언자들은 더 빠른 사고, 더 빠른 읽기, 더 빠른 결정을 위해 최신 신경과학의 도움을 포함한 수많은 방법을 제안하기도 한다. 그런데 시간 절약과 순간의 힘을 전파하는 전도사들은 한 가지를 엄청나게 과소평가하고 있다. 경험과 노하우 그리고 수년간의 연마를 통해 얻은 심오한 지식의 힘 말이다. 이 '심오한 지식'을 지금 언제 어디서나 우리가 얻을 수 있는 '정보의 홍수'와 혼동해서는 안 된다. "미래에는 배경이 필요하다"고 철학자인 오도 마르크바르트Odo Marquard가 말했다. 피터 슈워츠Peter Schwartz는 『미래를 읽는 기술』에서 이 마법과도 같은 표현을 비즈니스 언어로 번역하여 '시나리오 테크닉'이라 불렀다. 가변적 시나리오에 대한 기본적인 지식을 바탕으로 사고할 수 있는 사람만이 블랙 스완을 예상할 수 있는 것이다. 그런 심오한 지식을 가진 이들만이 느닷없는 변화를 마주해도 융통성을 갖고 상황을 수습할 줄 알며, 그 흐름에 사업 모델을 적응시킬 수 있다.

하지만 경제계에 있어서 진정한 장기적 관점은 '법칙'이 아니라 '예외'와 관련 있다. 물론 세상에는 천 년 이상의 역사를 자랑하는 독일의 와이너리 및 양조장, 일본의 호텔과 제과업체, 아일랜드 애틀론의 술집 등이 존재한다. 또한 17세기에 설립된 은행과 보험 회사의 주식이 여전히 DAX(프랑크푸르트 증권거래소에 상장된 주식 중 30개 기업을 대상으로 구성된 종합 주가 지수-편집자)에서 거래되고 있기도 하다. 하지만 상장 회사의 평균 수명이 50년 이하라는 점도 숨길 수 없는 사실이다. 1903년 뉴욕 증권거래소가 월가Wall Street에 문을 연 이래, 출범 초기부터 있었던 회사들 중에서는 콘 에디슨Con Edison이나 뉴욕

은행과 같은 극소수의 회사들만이 여전히 주식을 발행하고 있다. 하지만 이처럼 기업이 사업의 최전방에서 오랫동안 버틸 수 있는 것에는 엄청난 행운 외에 또 무슨 비결이 있을까?

스티브 잡스에게는 그것이 아주 분명했다. 신흥 기업가나 창업자가 도태되는 창업자와 구별되는 지점은 바로 버티기 능력이다. 끈기는 장기간의 성공을 가능케 하는 원동력이다. 사람들은 대부분 너무 빨리 포기한다. '비전이 있으면 의사를 찾아갈 필요가 없다'고 헬무트 슈미트Helmut Schmidt(독일의 제5대 총리-옮긴이)가 빌리 브란트Willy Brandt(독일의 제4대 총리-옮긴이)에게 충고한 적이 있다. 하지만 비전에도 여러 종류가 존재하고 하나의 비전만으로는 충분하지 않을 수 있다. 긴 호흡도 매우 중요한 부분이다. 도전은 일을 해야 해결되지, 미루는 것으로 해결되지 않는다. 또한 에너지는 더 많은 에너지를 생성한다. 미국의 심리학자 앤절라 더크워스Angela Duckworth가 자신의 베스트셀러 『그릿』에서 강조했듯, 성공은 재능이나 수려한 외모, 높은 IQ 덕이 아니라 실패 후에도 다시 일어설 수 있는 장기적인 목표 의식과 경험에 힘입는다. 인생은 단거리 경주가 아니라 마라톤이다. 국토 횡단 스키 투어를 위해서는 지구력이 필요하다.

휴식도 필요하다. 스포츠에서는 오래전부터 최대의

성과를 위한 재활 단계를 중요시했다. 순환식 훈련법 사이에서 중간 중간 휴식을 취하는 것은 근육이 성장할 수 있는 최적의 환경을 보장한다. 매일 체육관에 갈 필요도 없다. 인내심에도 육아 휴직이 필요하다. 한동안 구글처럼 성공에 심취한 기업들은 이 규칙을 내재화하는 것처럼 보였다. 애초부터 20퍼센트의 규칙을 만들어 모든 직원이 매주 근무 시간 중 5분의 1을 쉴 수 있도록 했다. 직원들의 창의성과 혁신적 사고를 촉진하기 위해 지나친 업무량에서 벗어나도록 한 것이다. 실리콘 밸리뿐만 아니라 많은 회사들이 이 성공 모델을 채택했다. 실제로 20퍼센트의 규칙 덕분에, 구글 뉴스, G메일 또는 애드센스 광고 서비스 같은 수익성 있는 파생 제품이 만들어졌다. 그런데 오랫동안 구글의 부사장으로 재직했던 머리사 메이어Marissa Mayer는 나중에 구글의 20퍼센트에 대한 '더러운 작은 비밀'을 밝혔다. 바로 120퍼센트 법칙이었다. 그 20퍼센트의 시간은 '항상' 구글이 어떻게 가장 많은 이익을 낼 수 있는지에 대해서만 사용되어야 했기 때문이다. 이 요건에 따라 직원들은 정상 근무 시간 밖의 모든 시간을 업무에 대한 생각으로 가득 채워야 했다. 공교롭게도 구글은 2004년 이후에야 증권 거래소에 상장됐다. 살면서 블랙 스완 이론을 예측하기란 불가능하다. 특히나 당신이 흑고니였다면 더욱 그러할 테고.

영원
EWIGKEIT

앤 새커리

어느 날 앤 새커리Anne Thackeray는 계단을 따라 걷다가 한 가족의 열린 현관문 앞을 지나게 되었다. 독실한 개신교 목사의 자녀들이 식사가 끝날 무렵의 식탁에 빙 둘러앉아 있었다. 1863년 『엘리자베스의 이야기』가 출판되었을 때 앤 새커리는 20대 중반이었다. 대중적 성공을 거둔 이 소설의 아이디어가 어디서 나왔는지, 칼뱅주의 교회 규율을 어떻게 그렇게 잘 아는지, 또 런던 출신인 그녀가 파리에 대해 어떻게 그리 잘 아는지에 관한 질문을 받을 때마다 앤 새커리는 낯선 이의 집 안을 들여다보던 때 스쳐간 느낌에 대해 이야기했다. 이 소설이 출판된 지 20여 년이 지난 후, 헨리 제임스Henry James가 에세이 「소설의 기술」에서 저자와 책의 이름을 밝히지 않은 채 이 일화를 언급하면서 그녀의 이야기가 대중에게 알려졌다.

헨리 제임스는 앤 새커리를 '천재적인 여성'이라고 부르긴 했지만, 새커리의 경험에 대한 일화는 그와 다른 맥락에서 이야기되었다. 제임스는 작가란 오로지 개인적 경험을 글로 남겨야 한다고 믿었다. 만약 엄청나게 독창적인 상상력을 가지고 있는 작가라면 아주 짧은 순간에도 그 심오한 경험을 전달할 수 있을 것이다. 얄팍한 지성으

제임스 조이스

로는 좋은 소설을 쓸 수 없으며, 작가는 성실한 태도로 자신의 작품을 써야 한다. 그렇다고 반드시 소설을 쓰는 데 수년간의 연구가 필요한 것은 아니다. 헨리 제임스 본인도 매우 왕성한 작품 활동을 했으므로 연구에 충분히 시간을 바치지는 못했을 것이다. 헨리 제임스는 20여 편의 소설과 수백 편의 단편 소설, 수많은 논픽션과 전기, 여행 산문, 예술과 시에 관한 이론서를 썼고 1만 통 이상의 편지를 남겼다. 그는 20세기 초 생애 말기에 이르러 뉴욕의 한 출판사에서 단편과 장편 소설을 재출간하면서, 예술의 출발점으로서 개인적 경험이 중요함을 서문에 다시 한 번 언급했다. 헨리 제임스는 이것을 '씨앗', '입자' 혹은 '황금 알갱이'라고 칭했다. 저녁 식사 자리에서 던진 몇 마디 말이 수백 페이지를 채우기에 충분한 밑거름이자 알갱이일 수 있다. 셰익스피어 역시 제임스가 씨앗이라고 칭한 표현의 의미를 누구보다 잘 알고 있었는데, 그는 햄릿의 입을 빌려 "나는 호두 껍데기 속에 갇혀서도 나 자신을 무한한 왕국의 왕으로 여길 수 있네."라고 말했다. 제임스와 셰익스피어는 소우주에서 대우주를 발견하고 하나의 조각으로부터 전체를 길어 올린 작가였다.

　　제임스 조이스James Joyce가 캐릭터를 창조하는 데서도 비슷한 생각을 발견할 수 있다. 그는 기독교에서의 예수 공현, 즉 신이 인간의 모습으로 나타난다는 아이디어를 소설에 차용했다. 조이스는 이것을 소설 속 캐릭터가 갑자기 놀라운 깨달음을 얻는 것, 즉 한 인간의 진정한 모습을 한순간에 드러내는 것으로 묘사하고 있다. 제임스 조이스보다 훨씬 앞서 이러한 주제를 단 몇 줄로 누구보다 잘 표현한 작가로는 『죄와 벌』을 쓴 도스토옙스키를 들 수 있을 것이다. 여기서도 또다시 계단이 등장하는데, 라주미힌이 자신의 학우인 라스콜니코프가 실제로 두 노파를 살해했다는 것을 깨닫는 순간이다. "어두컴컴한 복도에 서 있던 두 사람은 램프 가까이에서 서로를 약 1분 동안 말없이 바라보았다. 라주미힌은 이 1분을 평생 동안 기억했다. 라스콜니코프의 뜨겁고 날카로운 시선은 매 순간 그의 영혼과 의식을 꿰뚫고 지나가는 듯했다. 갑자기 라주미힌이 몸을 떨었다. 마치 두 사람 사이에 뭔가 이상한 것이 지나가는 것 같았다. 어떤 불길하고 괴이한 예감 같은 생각이 스쳐가는 것을 두 사람 모두 순간 깨달았다……. 라주미힌은 그 순간 죽은 듯 창백해졌다." 셰익스피어, 헨리 제임스, 도스토옙스키, 조이스. 이들 모두는 순간으로부터 세계를 창조하고, 가장 작은 공간에서 무한한 것들을 창조했다. 미루기나 버티기는 이들에겐 낯선 것일 뿐이다. 셰익스피어는 희극 『사랑의 헛수고』에서 "아직 우리에게 남아 있는 시간, 유용하게 보내세."라고 말했다. 그는 지구상의 유한한 존재인 개인에 대해 아무런 환상이 없었다. 인생의 기간은 셰익스피어에게 큰 의미가 없었고, 그가 무엇을 이루려고 했는지 그 업적도 별다른 의미가 없었다. 이에 대한 생각을 말로 표현한 인물이 맥베스다. "인생이란 그저 걸어 다니는 그림자일 뿐, 주어진 시간 동안 무대 위에서 자신을 뽐내지만, 안달하는 사이 영영 사라져 버리는 가련한 배우다. 인생은 백치가 떠드는 이야기. 시끄러운 소리와 분노로 가득 차 있지만 아무 의미도 없는 것일 뿐."

그럼에도 불구하고 셰익스피어는 맥베스의 말을 통해 영원에 대한 생각을 피력한다. 이미 14세기 초에 단테는 자신의 희극에서 천국의 영원과 지옥의 영원을 구별했다. 지옥에서 영원이란 고통이 결코 끝나지 않음을 의미한다면, 천국에서는 괴테의 『파우스트』속 파우스트가 악마와의 협약에서 얻은 마법처럼 하나의 순간이 영원히 지속되는 것을 의미한다. "머물러라, 너는 정말 아름답구나!Verweile doch, du bist so schön!" 셰익스피어 또한 사랑하는 이의 아름다움이 사라지는 것을 어떻게든 막아 보려 한다. 하지만 결국은 언어만이 육체의 아름다움을 능가하여 살아남는다. 따라서 그의 유명한 소네트는 다음과 같이 끝을 맺는다. "그러나 그대의 영원한 여름은 시들지 않을 것이며/그대의 아름다움도 절대 사라지지 않으리./죽음조차도 절대 당신을 그 그늘 아래로 끌어들이지 못하리./

그대는 이 불멸의 시 속에서 영원할 테니까!/세상 사람들이 숨을 쉬고 두 눈으로 보는 한/내 노래 속에서 당신은 살아가고 망각되지 않으리라."

영원에 관해서는 제임스 조이스가 1916년에 쓴 『젊은 예술가의 초상』에 표현한 것보다 더 명징한 묘사를 찾기 어려울 테다. 엄격한 라틴어 교사 아르날 신부는 저주나 영원에 대한 설교로 제자들을 괴롭힌다. 그는 학생들에게 땅 속 깊은 곳에서 하늘로 뻗어 있는 거대한 모래 산을 상상해 보라고 말한다. 그런 다음 모래 알갱이의 수에 나뭇잎과 물방울, 새의 깃털 혹은 신의 창조로 만들어진 원자의 수를 곱하라고 한다. 그런 다음 그들에게 말한다. "자, 이제 백만 년에 한 번씩 작은 새가 이 산에 날아와서 모래 속 작은 알갱이를 부리로 운반하는 것을 상상해 보렴. 작은 새가 모래 산을 1제곱피트(약 0.09제곱미터)만큼 떼어 가려면 도대체 몇 억 년의 시간이 필요할까, 또 그 산이 완전히 사라지기까지는 도대체 얼마나 많은 억겁의 시간이 필요할까? 그러나 이 헤아릴 수 없는 기간이 끝난다고 해서 영원의 한 순간조차도 끝이 났다고 말할 수 없다. 이 모든 억겁의 시간이 지난다고 해도 영원은 그 끝자락에서 아직 시작되지도 않았으니까. 완전히 사라졌던 산이 다시 솟아오르고, 또다시 새가 찾아와 알갱이를 하나씩 물고 가면서 하늘의 별, 공중의 원자, 바닷속 물방울,

나무의 이파리, 새의 깃털, 물고기의 비늘, 짐승의 털만큼
이나 수없이 날아오르고 내려앉기를 거듭하며 산을 옮기
려 하더라도, 단 한 순간도 영원이 끝난 것이라고는 말할
수 없을 거야."

피치 드롭 실험

PECHTROPFEN

칼 발렌틴의 기록 보관소에서 소장 중인 1898년 뮌헨 풍경을 찍은 사진

축제와 장터, 놀이 기구. 라디오와 극장, 텔레비전과 인터넷 그리고 소셜 미디어가 등장하기 훨씬 전부터 장터는 군중에게 숙박과 오락을 제공했다. 과거에 인기를 끌었던 축제나 장터는 오늘날의 관점으로 보면 다소 미심쩍은 오락거리를 사람들에게 제공하곤 했다. 20세기 초 아프리카의 식민지에서는 마을 전체와 주민들이 민족학 교육을 빌미로 관중에게 전시되기도 했다. 관음증적인 환경에서 기괴한 쇼가 펼쳐졌고, 호기심 부스에서는 장애인과 기형적인 외모를 가진 사람들을 공개적으로 전시했다. 온갖 지식에 대한 오용이 즉각적인 결과로 따라왔다. 분더카머 Wunderkammer(16~17세기 유럽 남성들의 예술품 수집 문화를 이르며 '호기심의 방'이라는 뜻-옮긴이)와 그 뒤를 따른 유럽의 공공 박물관의 반 천 년 역사를 되돌아보자면, 저잣거리의 마법 상자나 눈속임 공연, 축제와 장터 등은 박물관의 하급 버전이라 할 수 있을 것이다. 코미디언 칼 발렌틴Karl Valentin의 기록 보관소에는 농민 박물관의 4쪽짜리 안내서가 보존되어 있는데, 이 안내서는 1911년 옥토버페스트의 방문객을 위한 것이다. '재미를 추구하지 않는 사람은 여기에 들어가지 마시오.' 두 전시실에서 61점의 전시품을 공개한 옥토버페스트 전람회의 모토였다. '몬테카를로 은행', '오래된 빗자루', '모나리자, 파리의 루브르박물관에서 도난 당한 그림', '1만 1천 명의 처녀가 그들의 결백을 시위하며 들었던 등불', '오래된 나사' 등의 작품을 볼 수 있다. 패러디나 유머가 넘치는 미술 전시회는 19세기 중반부터 뮌헨 지역의 전통으로 자리 잡았다. 이러한 전시회는 연례 산업 무역 박람회를 재기 발랄한 방식으로 조롱했다. 전시회는 '연방 처녀, 젊은 미망인, 예술가 등으로 구성된 오래된 강철'이나 '독일 전역으로부터 온 정치적·문학적 불행'과 같은 광고 문안을 사용하기도 했다.

자, 이제 역청Pitch(천연산 탄화수소 화합물의 총칭. 독일어로 불운이라는 의미도 가지고 있다.-옮긴이)에 대해 얘기해 보자. 은유적 의미나 속담과는 별개로, '흉조 Pechvogel(원 의미는 역청으로 된 새-옮긴이)'나 친밀한 우정과 동의어로 사용되는 '역청과 유황 같은 두 사람Zwei wie Pech und Schwefel' 같은 표현에 등장하는 역청의 재료와 농도를 살펴보자. 타르와 같은 역청의 재료는 수만 년 동안 인간이 사용해 왔으며, 성경에 따르면 노아의 방주나 바벨탑의 건설에 사용될 만큼 유용하게 쓰였다고 한다. 상온에서 역청의 강도는 돌과 구별할 수 없을 정도이지만, 바위처럼 단단하지는 않고 그 점성은 꿀에 비해 200만 배

더 높다고 한다.

이를 증명하기 위해 1927년 호주의 브리즈번에 위치한 퀸즐랜드대학의 토머스 파넬Thomas Parnell 물리학 교수는 깔때기 속에 뜨거운 역청을 채워 넣었다. 그러고는 깔때기를 밀봉하고 3년 동안 재료를 식게 한 후에 유리 용기 위의 선반에 올려놓았다. 파넬은 우리가 알고 있다고 생각하는 물질이 실제로는 일반적인 생각과 다르게 반응함을 보여 주려 했다. 1930년부터 2014년 사이에 깔때기 끝에서 아홉 개의 역청 방울이 유리 용기로 떨어졌다. 1988년 브리즈번에 에어컨이 설치된 이후로는, 약 8년에서 12년 이상으로 낙하 간격이 늘어났다. 기네스북에 따르면 '가장 오래 진행된 실험'인 이 실험에 대해 이 대학의 연구원들보다는 더블린 트리니티대학의 연구원들이 더 많은 관심을 보였던 듯하다.

1944년 아일랜드 노벨 물리학상 수상자인 어니스트 월턴Ernest Walton이 궤도 위에 장기적인 관찰을 위해 매우 유사한 실험 방식을 설정했다. 그 결과 호주의 본 실험과는 대조적으로 2013년 7월 11일 오후 5시에 실제로 떨어지는 역청을 촬영할 수 있었다. 유튜브 채널에서 수백만 명의 사람들이 떨어지는 역청을 보았다. 『월스트리트 저널』에서 『타임스 오브 인디아』까지 수많은 신문들이 전 세계에 이 사건을 상세하게 보도했다. 아일랜드와 호

퀸즐랜드대학의 피치 드롭 실험 장면

주 사이에 다음 번 역청 낙하를 위한 경쟁이 붙은 것 같기도 하다. 원본과 복제 실험 중 어느 쪽이 더 많은 관심과 중요성을 획득하는지에 대한 경쟁 말이다. "첫 번째 역청 방울이 떨어졌을 때 브리즈번의 동료 연구가들이 가장 먼저 전화했죠. 이들은 언론이 아닌 우리에게서 소식을 먼저 듣고 싶었던 것입니다." 마치 할리우드 스타들의 결별 소식에 대해 전하듯 연구원 셰인 버긴Shane Bergin이 말했다. 그는 더블린대학의 과학교육학과 교수다. 그에 따르면 다음 낙하는 2022년과 2024년 사이에 있을 예정이다.

반면 브리즈번에서는 이미 깔때기 목의 아래쪽 끝에 둥근 방울 모양이 형성되어 있다. 세밀한 추정을 거쳐 그들은 열 번째 역청 방울이 2026년 이전에 낙하할 것이라고 예측하고 있다. 어느 쪽이 더 먼저 떨어질지는 모르지만 흥미로운 경기다. 더블린에서는 피치 드롭Pitch drop(역청이 얼마나 천천히 떨어지는지를 확인하는, 세계에서 가장 오래 걸리는 실험으로 피치 드롭 실험이라 불린다.-옮긴이) 실험이 수십 년 동안 창고에 묵혀진 채 무시되었다. 오늘날 이 깔때기는 대학 도서관에 8세기 아일랜드의 국가적인 성물인『켈스의 서Book of Kells』와 함께 전시되어 있다. 한편 브리즈번대학은 이 실험을 위해 160개국 3만 5천여 명이 가입한 인터넷 생중계 채널을 만들었다. 역청을 돌보는 책임을 맡은 공학적 양자 물리학 센터의 앤드류 화이트Andrew White 소장은 이에 대해 "분명 당신이 인터넷에서 볼 수 있는 가장 지루한 장면일 것"이라고 단언했다. 1927년에 만들어진 피치 드롭 장치는 건축자 퍼넬의 이름을 딴 건물의 입구 쪽에 눈에 띄게 전시되어 있으며, 모든 사람이 쇼케이스에 접근할 수 있도록 되어 있다. 더블린과는 달리 옆에 놓인 용기에 떨어져 있는 역청 방울을 볼 수 있다. "전 세계에서 온 방문자들이 이걸 보고 깊은 감상에 빠지는 걸 종종 봅니다. 첫 번째 방울은 그들의 증조부나 고조부 시절에 떨어진 것이겠죠. 아마 마지막 방울은 자신들의 학창 시절에 떨어진 것일 테고요." 소장은 자랑스럽게 말한다. "그중에서도 가장 흥미로운 점은 호주가 1년에 6.8센티미터씩 북쪽으로 이동한다는 점입니다. 모든 대륙 중에서 가장 빠르게 움직이죠. 다시 말해 우리 발밑의 지구는 그동안 우리가 지켜보고 있는 역청 방울보다 열 배나 빨리 움직인다는 것입니다."

이 모든 것조차 당신에게 여전히 빠르게 여겨진다면 함부르크 미술관Kunsthalle Hamburg을 소개하고 싶다. 그곳에서 예술가인 보고미르 에커Bogomir Ecker가 1996년 12월부터 빗물받이 기계를 전시하고 있다. 이 조각품은 모든 층에 놓여 있는데, 함부르크시市와의 합의에 따라 2496년까지 설치될 예정이다. 1층에는 지붕에서 내려오는 비를 맞고 자라는 푸른 백합꽃이 만발하며, 석회암 흙을 통해 물이 세라믹 모세혈관 시스템으로 흘러 들어간다. 아래에서 위로 인공적으로 자라는 석순과 위에서 아래로 자라는 종유석은 미술관 지하실에서 서로를 향해 뻗어 가는데, 서로 만나려면 반 천 년이 지나야 한다. 미술관 개장 시간 동안에는 3분 10초 간격으로 천장에 있는 튜브에서 바닥의 진동 없는 돌판 위로 작은 물방울이 떨어지는 것을 볼 수 있다.

지속 가능성
NACHHALTIGKEIT

스위스에서 가장 오래된 의자 제조업체는 1880년 취리히 근처 호르겐Horgen에서 설립되었다. 오늘날까지 사용되는 많은 나무가 그 당시에 심어졌다. 스위스 주라Jura산의 너도밤나무와 오크나무, 흑호두나무와 물푸레나무, 벚나무와 같은 소중한 식재들이 거의 1세기 동안 가업을 위해 사용되었다. 임업이 성공하려면 '지속 가능성'이 있어야 한다. 최근 수년 전부터, 특히 경제학에서 점점 더 많이 사용되고 있는 이 개념은 사실 임업 용어에서 나왔다. 산림 자원을 영구적으로 이용하려면 잘라 낸 나무의 수만큼 다시 나무를 심어야 한다. 인류학자 그레고리 베이트슨Gregory Bateson은 언젠가 늙은 히피이자 사회운동가인 스튜어트 브랜드Stewart Brand에게 옥스퍼드대학 성 마리 칼리지의 식당 천장에 걸려 있는 거대한 떡갈나무 들보에 관해 이야기한 적이 있다. 1379년 설립된 이 대학의 거대한 식당은 『해리 포터』에 등장하는 호그와트를 연상케 한다. 그런데 19세기 말 목재에 수많은 벌레가 들끓어서 들보를 시급하게 교체해야 했다. 대학 행정부는 어쩔 수 없이 산림 감독관을 찾아갔다.

감독관은 대학 관계자들을 옥스퍼드대학 중간에 있는 작은 떡갈나무 숲으로 이어지는 좁은 길로 안내했다. "이 떡갈나무들은 절대 쓰러지지 않습니다. 나무들은 식당으로 향할 운명입니다." 아마도 수백 년 동안 입으로 전해졌을 이야기를 산림 감독관이 전했다. 18세기 초에 건축가들이 영국 귀족을 위한 저택을 지을 때에도 그들은 근처의 촉촉한 땅에 씨앗을 군데군데 심어 두었다. 씨앗에서부터 자라나 수백 년을 살아온 나무 등걸이 언젠가는 낡아 허물어질 듯한 본채의 나무 지붕을 대신할 목재가 된다는 사실을 알고 있었던 것이다.

유명한 만화 『브리튼섬의 아스테릭스Astérix chez les Bretons』의 작가 르네 고시니René Goscinny는 한 영국인의 입을 빌려 다음과 같이 말한다. 그는 달랑 억새 하나가 얹혀 있는 초가집 앞에서 장난감 같은 낫을 가지고 풀을 깎고 있다. "2천 년 동안 잘 가꾸고 나면 내 마당도 꽤 괜찮아질 거요." 옛날부터 정원과 숲, 그리고 대지는 미적 기능 외에 경제적 기능을 지니고 있었다. 나무나 식물, 과일, 채소, 꽃의 거래는 수익성이 좋다. 또한 오늘날 숲은 휴양지로서, 국제적인 관광의 중심지로도 조명되고 있다. 가령 스코틀랜드에서는 외국인 관광객을 유치하기 위해 일부러 숲을 조성하고 경관을 꾸며서 매력적으로 만들고자 노력하고 있다. 2002년 이 프로젝트에 참여한 예술가인 올라프 니콜라이Olaf Nicolai는 스코틀랜드 산림청과 계약했는데, 트로서크스Trossachs계곡의 쓰러진 나무로 영국 북부의 야외 바비큐에서 자주 사용되는 비바람에 젖지 않는 성냥을 만들기로 했다. 구매자들은 성냥갑을 구입함으로써 쓰러진 나무 한 그루당 두 그루의 자작나무나 소나무를 심는 스코틀랜드의 재식림 산업을 지원하게 된다.

지속 가능한 임업과 농업은 항상 다음 세대를 생각한다. 그러나 자연과의 조화로움에 대한 태도는 불행히도 세상 모든 곳에서 받아들여지고 있지는 않다. 로마 시대 이탈리아에서의 산림 벌채부터 오늘날 열대 우림의 벌목에 이르기까지, 인간은 자연을 되살리기보다는 착취하는 데 혈안이 되어 있다. 씨앗을 땅에 심는 사람은 그것이 디스토피아든 유토피아든 필연적으로 미래를 생각한다. "내일 세상이 멸망하더라도 나는 오늘 사과나무를 심을 것이다." 루터가 했다는 이 유명한 말이 실제로 그가 한 말인지는 "자신이 그 그림자 아래서 쉬지 못할지라도 나무를 심는 사람은 적어도 인생의 의미를 아는 사람이다." 라는 격언의 출처만큼이나 불분명하다. 그리스 속담일 수도, 미국 퀘이커교도의 가르침 혹은 인도 작가 라빈드라나트 타고르Rabindranath Tagore의 말일 수도 있다. 사실 위의 말은 1637년에 『방법서설』에서 세대를 넘어서는 행동과 사고의 필요성에 대해 역설한 데카르트로부터 나온 것으로 증명된 바 있다.

"모든 사람은 자기가 할 수 있는 한 타인의 복지를 증진시켜야 할 의무가 있고, 누구에게도 유용하지 않는 것은 거의 가치가 없다고 할 수 있으므로 우리의 관심은 현시대를 넘어서까지 확대되어야 한다. 그러므로 우리 자손들에게 더 많은 것을 가져다줄 뭔가를 하려고 한다면 자신에게 이익을 가져다줄 수 있는 일을 자제하는 것이 좋다." 데카르트가 여기서 말하려는 것은 주로 영적 유산에 관한 것이지만 그의 장기적 사고방식은 지속 가능성이 자연적으로 재생되는 물질에만 국한되지만은 않는다는 것을 분명히 하고 있다. 피버셈Feversham 백작은 지난 세기 말의 어느 비 오는 날, 같이 던콤 공원을 산책하고 있던 한 무리의 학생들에게 1713년에 지어진, 납으로 된 자신의 저택 지붕을 가리키며 다음과 같이 말했다. "시중에는 세 가지의 납판이 판매되고 있네. 값싼 납판은 50년 동안 쓸 수 있고 중간 재질은 100년 그리고 매우 비싼 납판은 200년 동안 지속되지. 나같이 가난한 사람은 당연히 연간 비용이 가장 싼 제일 비싼 납판을 사겠지."

자원이 부족한 현실 속에서도 오늘날 많은 상품이 어느 시점에서는 고장 나도록 설계되어 팔리고 있고, 신제품을 최대한 빨리 구매하도록 일부러 수리가 불가능하게 만들어지고 있다는 사실은 충격적이다. 중고 재료를 재활용할 수 없도록 만드는 것도 마찬가지다. 지난 1만 년의 시간 동안 축적되어 온 인간과 사물과의 관계에 대한 이해는 지난 100년 동안 점점 끊임없이 축소되고 있다. 건축도 마찬가지다. 건물을 세우는 과정에서 계획은 실제와 괴리된다. 건축가는 더 이상 내일을 걱정하지 않는다. 스위스 기념물 관리원 겸 건축학 교수인 질케 랑겐베르그Silke Langenberg는 경제적 생태적 재활용이라는 개념이 사회적으로 이해되기를 바라고 쓴 『수리: 사고와 행동에 대한 선동』에서 접착제와 거품으로 구멍을 메우기가 횡행하는 시대에 건축가들은 더 이상 수리의 가능성을 고려하지 않는다고 말한다. 건물의 중심점에 대한 접근이 더 이상 불가능하다면 원자재를 보존하는 것도 거의 어려워진다. 버리는 것에 익숙한 풍요로운 사회의 사고방식은 영원이라는 개념에 동의하지 않는다. 올림픽이나 세계 박람회에 사용되고 버려진 황무지와 황폐한 땅은 그것을 명백하게 보여 주는 실례實例다. 건축가들은 여러 세대를 위한 집이 아닌, 감가상각비에 맞는 집을 설계한다. 또한 대도시에 사는 사람들은 자연을 벗어나 자체적으로 건설된 보루 속에 자리 잡고 몸을 숨긴다. 슈퍼마켓에 공급되는 채소와 과일은 거의 제철과는 상관이 없다. 에어컨이나 난방 시설이 계절을 무용지물로 만드는 것처럼, 인공 조명은 낮과 밤의 차이를 없앤다. 물론 많은 사람들에게 지속 가능하고 공동체적이며 비영리적인 도시 계획과 제조 과정 그리고 상품 세계를 제시하는, 또 다른 산업 혁명의 시대를 열어 가는 생산자나 자발적 생산 운동, 하위문화 역시 우리 사회에 존재한다.

증가하는 도시화에 저항하는 책임감 있는 건축가들은 재생 가능한 에너지를 100퍼센트 활용한 지속 가능한 도시와 스마트 하우스를 건설하고 있다. 이를 통해 대도시에 살면서도 인간이 좀 더 자연과 조화로운 삶을 살 수 있도록 했다. 대인 관계의 영역에서 지속 가능성이란 생각의 교환과 지식의 획득에서 비롯되는 깊이 있는 관계와 같기 때문이다. 1937년, 건축 비평가이자 사회학자였던 루이스 멈퍼드Lewis Mumford는 그의 에세이 『도시란 무엇인가?』에서 이 주장을 공식화했다. 온 세계가 도시로 변한다고 해서 인간의 상호 작용이 다른 것으로 대체되지는 않는다. 그것은 오히려 더 강화되어야 한다. 그러므로 후기 산업화 시대에 숲이나 동굴, 스텝Steppe(시베리아 서남부 등지에 있는, 나무가 자라지 않는 온대 초원 지대-편집자) 지대가 각별한 의미를 갖는 것처럼, 대도시의 건축물도 사회적 의미에서 지속 가능하게끔 설계된 무대를 제공해야 한다.

천 년이 하루

1000 JAHRE SIND EIN TAG

런던 과학박물관에 전시되어 있는 '긴 현재의 시계' 견본

『포브스』에 따르면 아마존닷컴의 창업자이자 CEO인 제프 베조스는 자산 1,120억 달러(약 130조 880억 원)를 보유하고 있으며 2018년 이후로 세계 최고의 부자라고 한다. 수년 전, 『뉴욕 타임스』는 50억 달러(약 5조 8천억 원)의 자산을 가졌다면 무엇이든 살 수 있다는 결론을 내놓았다. 축구 팀이나 세계의 어떤 요트보다 더 긴 요트, 달에 가는 비행기 티켓 등등. 당신은 모든 것을 감당할 수 있다. 그 돈이 있다면 4천2백만 달러(약 488억 원)짜리 시계 장치를 살 수 있는데 굳이 1814년산 '브레게 앤 필즈 Breguet&Fils 2667'이나 1943년산 파텍 필립Patek Philippe 18k 시계, 1971년산 롤렉스 유니콘Rolex Unicorn에 만족해야 하는가? 물론 길이가 150미터가 넘는 이 독특한 시계 장치를 손목에 차고 다닐 수는 없다. 바로 제프 베조스가 만들고 있는 시계에 대한 이야기다.

장기적 사고의 상징이자 아이콘인 '긴 현재의 시계 Clock of the Long Now'는 거대한 기어 바퀴를 장착한, 기계적으로 작동되는 시계다. 미래의 1만 년 동안 계속 작동될 예정인 이 시계는 약탈자들이 마음껏 조종할 수 없도록 유지 보수 매뉴얼을 싣지 않았다. 베조스는 1986년에 발명가 겸 컴퓨터 엔지니어인 다니엘 힐스Daniel Hills가 창안한 아이디어를 실행에 옮겼다. 장기 프로젝트와 장기 보관을 위해 창의적인 연구 조직인 샌프란시스코의 비영리 단체 롱 나우 재단Long Now Foundation이 이 프로젝트를 책임지고 있다. 영국의 음악가 브라이언 이노Brian Eno는 1만 년의 시계를 위한 소리를 만들었을 뿐 아니라 '롱 나우'라는 용어도 발명했는데, 이는 '짧은 현재'라는 가속화된 시대에 대한 그의 답변이기도 하다.

모든 고귀한 원칙에도 불구하고 '롱 나우'는 뭔가 어정쩡한 이름으로 들린다. 장기간과 현재 중 무엇을 말하려는 것인가? 미래는 현재를 통해 과거로 빠져들고 무한하게 확장된다는 개념은 끔찍한 생각이 아닐까? 리하르트 다비트 프레히트Richard David Precht가 '현재의 완전한 독재'라고 부르는, 역사를 망각한 우리 시대는 전통도 유토피아도 알지 못한다. 역사학이 말하는 '장기 지속Longue Durée' 개념은 역사를 이해하는 데 중요한 접근 방식이다. 하지만 롱 나우에서는 이러한 개념이 상실되었다. 오로지 시간에 대한 장기적이고 지속적인 연구만이 사회·정치·문화·경제적 기본 구조를 우리가 이해할 수 있도록 함을 알아야 한다.

수천 년간 인간은 자연의 리듬에 따라 생활해 왔다. 스톤헨지는 하지나 동지 때 해의 위치에 맞게 세워졌고,

치첸 이트사Chichén Itzá의 쿠쿨칸Kukulkan 피라미드는 주야 평분시에 맞춰 건축되었으며, 전 세계의 주요 건축물이나 숭배 장소에서 같은 특징을 발견할 수 있다. 유럽 중세 후반부터는 교회에서 울려 퍼지는 종소리가 들판에서 일하는 농부들의 일상을 좌우했다. 해시계는 고대로부터 19세기에 이르기까지 하루의 일과를 알려 주는 역할을 했다. 그러다 기계 시계가 발명되며 아주 작은 단위까지 잘라서 사용하는 시간법이 사용되기 시작했다. 1880년대에 미국의 엔지니어 프레드릭 W. 테일러Frederick W. Taylor는 스톱워치에 대한 시간 연구에서 기계와 동일한 효율성 기준에 따라 인간의 작업을 계산했다. 니체는 『즐거운 학문』에 다음과 같은 글을 남겼다. "한 손에 시계를 들고 두 눈은 주식 동향이 실린 신문을 보며 점심은 뭐 먹을지 생각하고 있다." 니체는 FOMO 현상, 즉 '고립 공포감Fear Of Missing Out'의 비참함을 누구보다 잘 꿰뚫고 있었던 듯하다. 또한 니체는 "이제 다른 사람보다 더 짧은 시간에 무언가를 하는 것이 진정한 미덕이 되었다"며 한탄한다. 2014년 러시아 소치에서 열린 동계 올림픽에서 1,500미터 스피드스케이팅 경주에서 금메달과 은메달 사이의 차이는 3,000분의 1초밖에 되지 않았다. 아토초Attosecond는 100경 분의 1초(10의 18승 분의 1초)에 해당하는 시간인데, 이 레이저 기술 측정법은 원자 구조의 블록을 이해하는 데 사용된다.

이 모든 것은 어디로 귀결되는가? "시간, 시간, 시간 이다. 시간은 그 모든 것 중에서도 그나마 사람들이 다룰 수 있다고 여기는 것이다." 보토 슈트라우스는 자신의 소설 『젊은 남자』에서 이렇게 말하면서 "낡고 고집스럽게 앞으로 밀어붙이는 압력으로부터 우리 모두를 해방시켜 줄" 새로운 시계가 필요하다고 주장했다. 우리에겐 과거와 현재 사이에 존재하는 닫힌 회로가 필요하다. 이 회로는 언젠가 보들레르가 시집 『등대들』에 수록된 시 「악의 꽃」에서 묘사한 것으로, 루벤스에서 미켈란젤로, 고야에서 들라크루아까지 그와 끊임없이 대화를 나누던 화가들이 이 회로에 포함되었다. 밤의 해안에서 불을 비추는 등대처럼, 글과 그림 덕분에 우리는 이미 수백 년, 수천 년 전에 죽은 사람들과 풍요로운 지식이 담긴 심오한 대화를 나눌 수 있는 것이다.

"시간이란 무엇인가? 한순간일 뿐. 단 한 번의 타종 소리일 뿐, 천 년의 시간도 하루라네." 1970년 후반의 유명한 TV 만화 시리즈인 〈옛날 옛적 사람이 살았네Es war einmal der Mensch〉에서 우도 유르겐스Udo Jürgens가 부른 타이틀 곡의 가사다. 오늘부터 롱 나우의 시계가 끝날 때까지가 아닌, 반대로 1만 년 전의 시간으로 거슬러 올라가면, 마지막 빙하기 후 완신세完新世가 막 시작되고 있었고 매머드와 털북숭이 코뿔소, 송곳니 호랑이, 동굴 사자 등이 이미 멸종된 후다. 고대 로마에서는 전투에서 돌아온 승리한 지휘관들이 개선 행진을 할 때, 월계관을 머리 위로 든 노예들은 끊임없이 총사령관의 귀에 '그대는 언젠가 죽을 것이다Memento Moriendum Esse!'라고 속삭였다. 그로부터 겨우 3천 년밖에 지나지 않았다. 죽음을 기억하라! 죽어야 한다는 것을 기억하라! 죽어야 한다는 걸 기억하라 Memento Mori! 베조스의 시계는 텍사스 서부의 시에라 디아블로산맥의 터널 깊숙한 곳에서 똑딱거리고 있다. 정오를 알리는 똑딱 소리를 제외하고는 일 년에 한 번만 초침이 째깍거리게 되어 있는데, 그 소리조차 거의 속삭임 같다.

벚꽃

KIRSCHBLÜTEN

료안지의 바위 정원

시간과 지속성에 대한 글을 쓰면서 일본이라는 나라를 거론하지 않을 수 없다. 일본에 관해 얘기할 것이 많다. 우리를 인도하는 고요함, 명상 속의 고요한 날숨, 놀람을 표현할 때의 느린 들숨 등, 오히려 말이 너무 지나치지 않도록 주의해야 한다. 과연 이야기를 어디서 시작하고 끝내야 할까? 일단 벚꽃에서 시작해 보자. 일본인은 매년 국화인 벚꽃의 아름다움을 즐기기 위해 분홍색 꽃가지가 아롱거리는 나무 밑에 돗자리를 펴고 봄의 시작을 축하하는 전통을 갖고 있다. 교토에는 오래전부터 벚나무의 첫 꽃이 피는 정확한 날짜를 기록한 문서가 전해 내려온다. 이 문서는 8세기부터 오늘날까지의 기록이 보존되어 있다. 이를 통해 기후학자와 기상학자 들은 1971년 이후로 1,300년 전에 비해 벚꽃이 평균 일주일이나 빠른, 4월 초에 피기 시작한다는 사실을 알게 되었다.

이 연구는 할레 안데어 잘레Halle an der Saale 근처의 드넓은 들판에서 유럽과 미국 연구팀이 공동으로 진행 중인 장기적 호밀 재배 프로젝트와 직접적으로 비교할 수 있다. 이 프로젝트는 1878년 가을에 시작되었는데, 그사이 장기적 토지 비옥화 실험이 거듭 시행되고 사라지는 과정을 거쳤다. 그로부터 바로 1년 후에 미국에서는 식물학자 윌리엄 제임스 빌William James Beal이 미시간 주립대학교의 식물원에 다양한 식물의 씨앗 수십 개를 담은 실험용 병을 20개나 묻어 놓고 장기적인 발아 상태를 실험하기로 했다. 다음 병이 개봉되는 연도는 2020년이고 이 실험은 2100년에야 최종적으로 완수될 예정이다. 잠시 다른 이야기를 했으니 다시 태평양으로 돌아가자. 해야 할 이야기가 많으니까. 사실 시간의 망각, 고요함과 더불어 잠시 다른 이야기로 빠지는 것 역시 일본과 무관하지는 않다. 덧없고 일시적인 것은 해마다 화려하게 피어나는 벚꽃처럼 그 아름다움으로 많은 것을 보상해 준다. 나약함과 취약함, 어떤 존재이든 영원히 지속될 수 없다는 사실도 마찬가지다. 기쁨은 언제나 순간에 바탕을 두고 있다.

세계에서 가장 인구 밀도가 높은 지역 중 한 곳이자 약 4천만 명의 인구가 살고 있는 도쿄의 혼잡한 고층 빌딩 사이를 헤매노라면 방문객은 그러한 면을 바로 체감하기 어려울 것이다. 하지만 요란한 팝 컬처의 굉음에 정신을 빼앗겨서는 안 된다. 찾고자 하는 사람은 찾을 수 있다. 고요함을. 이 모든 것의 한가운데서조차 말이다. 예를 들어, 시부야 지구의 메지 사당 주변에 숨어 있는 공원에서도 고요함을 찾을 수 있다. 15세기에 교토 한복판에 세워진 료안지龍安寺의 바위 정원에서도 찾을 수 있다. 그곳은 물도 나무도 없는 정원이다. 꼼꼼하고 가지런하게 갈퀴질해 놓은 자갈밭 위에 15개의 커다란 돌이 놓여 있다. 여기서는 어떤 각도로 보든지 14개 이상의 돌을 볼 수가 없다. 불교에서 숫자 15는 완전함을 의미하는데, 지금 여기서는 절대로 닿을 수 없는 경지인 것이다. 료안지에서 동쪽으로 불과 몇 킬로미터 떨어진 선사인 긴카쿠지銀閣寺에는 에도 시대 초기에 세워진 약 2미터 높이의 모래탑이 있는데, 400년 이상 평평한 원뿔 형태의 모습을 유지하고 있다. 유럽에서 마녀들이 화형에 처해지고 격렬한 30년 전쟁을 치르던 때, 인도에서는 타지마할이 건설되고 있던 바로 그때, 긴카쿠지에서는 모래 더미가 솟아오르고 있었다. 고게츠다이向月台라 불리는 이 모래 더미는 연약한 구조로 아마 후지산을 상징할 것이며, 그 이름에서 알 수 있듯 달을 잘 볼 수 있는 장소가 아닐까 싶다.

바위 정원과 다도 의식, 일본 다색 목판화인 우키요에, 이케바나라고 불리는 전통적인 방식의 꽃꽂이…… 이 모든 것은 불완전함의 우아함과 생략의 조화로움을 보여 준다. 그 어떤 것도 영원하지 않고 어떤 것도 그대로 머물지 않는다. 모노노아와레もののあわれ(비애의 정. 어떤 사물이나 사실을 접했을 때 촉발되는 정서와 애수, 마음 깊은 곳에서 유발된 적막하고 쓸쓸한 감정. 일본 헤이안 시대의 대표적 미의식이자 문학적 개념이다.-편집자). 모든 것은 일시

긴카쿠지에 있는 모래 더미 고게츠다이

적이고 완벽한 것은 없다. 오로지 긴 시간 동안 자연스럽게 만들어질 뿐이다. 나이 들어 가고 시들어 가는 것. 예측할 수 없는 모든 일은 일어나게 마련이다. 침묵의 아름다움과 낡은 것의 우아함. 자부심과 충돌과는 거리가 먼 솔직함과 단순함. 다니자키 준이치로谷崎潤一郎는 그가 쓴 『음예공간 예찬』에서 1930년대를 휩쓴 화려함과 반짝거림, 서양에서 건너온 순백의 도자기와 구석구석 불이 밝혀진 모서리에 맞서서 어둠을 옹호했다. "자연석이든 인공적으로 만들어진 기계이든 그림자가 깃든 광택을 볼 수 있다. 이 모든 것이 음예공간의 예찬과 연결된다. 흔히 '고색창연'이라는 표현을 쓰기도 하지만 사실은 땀이나 손때가 묻어서 생긴 자국이다. 중국에는 손때를 의미하는 단어가 있고, 일본에도 '손짓으로 생긴 자국'을 의미하는 '나레なれ'라는 단어가 있다. 두 단어 모두 오랫동안 사람의 손에 닿았을 때 생기는 광택을 의미하는데, 부드럽게 문지르고 숨결을 불어넣는 사이에 광택이 점차 물질 속으로 스며든다. 서양인들이 이 같은 손때를 근본적으로 없애고 제거하려는 반면 동아시아인들은 그것을 세심하게 보존하고 있는 그대로의 아름다움을 발견하고 미화한다. 그들은 인간의 손때와 바람과 비가 닿은 흔적, 색깔과 빛의 흔적을 간직한 것들을 사랑한다."

앤디 워홀은 1980년대 초에 일본 TV를 통해 TDK 비디오카세트를 광고했다. 그는 서투른 일본어로 카세트의 뛰어난 품질을 칭송하기 위해 중간 색조의 음영을 나열했다. 이 광고는 준이치로의 주장보다는 팝아트의 진정한 실체는 무엇인지를 묻는 TV 리포터의 질문을 회피하기 위한 앤디 워홀의 모호한 대답에 더 가까운 듯하다. 워홀은 박물관에 놓인 예술품의 가치는 그 작품 앞에 깔린 마루의 마모 정도와 직접적으로 연결된다는 결론에 도달했다. 몇 세대에 걸쳐 얼마나 많은 사람들이 그 작품 앞에서 사색에 잠겼을까? 닳은 자국은 우리 눈이 닿는 물체를 커 보이게 하고 사용한 흔적은 그 물체를 더욱 섬세하게 만든다.

이것이 바로 일본의 아름다움이다. 집 안에 불상을 놓거나 이국적인 장식을 하고 정원에 대나무나 자갈, 단풍나무나 석등을 세운다고 해서 마음이 절로 일어나는 것이 아니다. 세속적인 것은 붙잡을 수 없고, 시간의 흐름에서 벗어날 수 없다. 19세기 말 서구화 이전의 일본에는 분 단위의 시간이 없었으며, 이들의 한 시간은 오늘날의 계산으로 두 시간에 해당되었다고 한다. 한 시간이건 두 시간이건 모든 것은 변화하고 벚꽃과 마찬가지로 잠시 머물다가 사라진다. '소중한 인연은 단 한 번밖에 없다(일기일회一期一会)'. 일본인들은 반복될 수 없는, 귀하고도 절대 다시 돌아올 수 없는 만남의 순간을 이렇게 묘사한다. 그렇다면 가장 강렬한 감정인 사랑은 여기서 어떤 역할을 하는가? 순간의 약속이 결코 충족될 수 없음에도 불구하고 첫눈에 반한 사랑이 있을 수 있을까?

일본의 고대 경전은 사랑이 시작되려면 때로 인내심이 필요하다는 것을 가르쳐 준다. 1000년 전후에 작가이자 교토의 궁녀였던 무라사키 시키부紫式部가 사랑 서사시를 썼는데, 여러 문학 연구가들은 이 작품을 세계 최초의 소설로 여기고 있다. 12세기에 겐지라는 왕자의 일생을 중심으로 엮은 두루마리 소설은 나고야와 도쿄에 위치한 박물관의 국립 신전에 보관되어 있다. 이 소설은 물론 남녀의 사랑에 관한 내용이 전부다. 겐지의 경우에는 한 남자와 여러 여자와의 사랑이다. 겐지의 스승과 나누는 초기 대화의 내용처럼 "진정한 사랑, 바로 그 사람을 찾는 데는 매우 긴 시간이 걸린다." 수많은 것들을 염두에 두어야 하며, 이 변화무쌍한 삶에서 가장 중요한 결정은 항상 인내와 시간을 필요로 한다. 그러다 마지막에 시키부는 한 장을 통째로 비워 둔다. 쿠모가쿠레くもがくれ, '구름에 숨음'이라는 제목의 이 장의 다음 장은 겐지가 죽은 시기로 거슬러 올라가서 그때부터 10년 가까이의 이야기를 전한다. 무無를 허용하는 것은 때로 가장 큰 용기를 필요로 한다.

서두름의 시대
EPOCHE DER HAST

(상)프루스트가 사용하던 원래의 가구들로 재구성한 프루스트의 방(프랑스 파리의 카르나 발레 박물관)
(하)마르셀 프루스트(1895년)

'완전히 잊히는 것'을 제외하면, 위대한 영혼에게는 후세에 '단순한 일화로서만 기억되는 것'처럼 나쁜 일은 없다. 아이작 뉴턴과 사과, 마틴 루터와 잉크병, 소크라테스와 독배, 디오게네스와 그가 살았던 통, 콜럼버스와 달걀, 반 고흐와 그의 귀……. 마르셀 프루스트Marcel Proust는 이 점에서 특히 심각한 타격을 입었다. 프루스트는 인생의 마지막 13년 동안 침대에서 구부린 무릎을 책상 삼아 글을 썼다. 이 책이 세기의 소설『잃어버린 시간을 찾아서』다. 1871년에 태어난 그는 1906년부터 볼르바르 오스만가街의 한 아파트에서 살았고, 1909년부터 작품을 쓰기 시작했다. 그는 오로지 이 작품을 위해서만 살았다. 1914년부터 죽기 몇 달 전, 마지막 원고에 끝이라는 단어를 적었던 1922년까지 그는 파리와 자신의 침대를 떠나는 법이 없었다. 총 7권으로 이루어져 있고 수백 명의 등장인물이 나오는, 5천 페이지가 넘는 이 방대한 소설은 프루스트의 대표작이다. 이 책 제1권의 1장 마지막 부분에서 주인공은 그의 어머니가 내주곤 했던, 보리수 꽃차에 마들렌을 적셔서 먹던 기억을 다섯 페이지에 걸쳐 묘사하는데, 이 행복한 기억의 문을 열어젖힘으로써 주인공은 오랫동안 잊고 있었던 어린 시절로 돌아가게 된다.

그만하자. 사실 이것이야말로 프루스트를 영원히 프랑스의 국민 과자 마들렌과 엮어서 단순화시키는 일이기 때문이다. 사진과 그림만 보더라도 그가 어머니의 지나친 사랑으로 버릇없이 자란 아들이며, 거실을 호령하는 나약하고 심기증에 시달리는 종이 호랑이였음을 알 수 있을 것이다. 어떤 사람들은 마들렌에 대한 애착만 보더라도 프루스트를 충분히 파악할 수 있다고 판단하기도 한다. 그의 책을 아예 읽어 본 적도 없다며 자랑하는 사람도 적지 않다. 하지만 『잃어버린 시간을 찾아서』의 주인공과 작가를 동일시하는 것은 소설의 내용과 작가의 관점을 지나치게 밀접하게 만드는 태도다. 프루스트의 전기를 보면 그의 마지막 비밀은 거의 추측과 어림짐작으로 얼버무려진 듯한 느낌이 든다. 특별히 상상력이 풍부한 이들은 프루스트가 어떻게 오르가즘에 도달하게 되었는지를 알아냈다고 주장하기도 한다.

그러나 프루스트가 죽은 후 반세기가 넘도록 당시의 가정부 셀레스트 알바레Céleste Albaret는 긴 침묵을 지켰다. 1973년 그녀는 고령의 나이에 『나의 프루스트 씨』를 출판했다. 그녀는 스물두 살이었던 1914년에 프루스트의 집으로 들어가서 8년 후 프루스트가 사망할 때까지 그의 집에서 살았다. 5개월 동안 이루어진 약 70시간 분량의 녹음테이프를 바탕으로 한 이 회고록에서 셀레스트 알바레는 그녀와 대화를 나누었던 회고록 작가 조르주 벨몽 Georges Belmont이 서문에 밝힌 것처럼 '마음의 소리'로 이야기 나눈다.

그녀는 왜 침묵을 깼을까? 프루스트를 잘 알지도 못하면서 잘난 척하며 추측으로 범벅된 기억을 바탕으로 '지나치게 창의적인' 얘기를 떠드는 목소리들을 더 이상 견딜 수 없었기 때문이다. 프루스트의 천식 때문에 거의 10년 동안 매일 2층에 있는 작은 방에 연기를 피우는 것을 도왔고, 같은 이유로 중앙난방을 가동시키지 않았던 사람은 그의 온갖 가짜 친구들이 아니라 단 한 사람, 셀레스트 알바레였다. 담요와 뜨거운 물병, 벽난로는 추운 계절을 대비한 필수품이었다. 프루스트는 외부 세계의 어떤 소리도 새어 들어오지 않도록 벽에 코르크 판을 덧대어 밀폐했다. 침대 곁의 녹색 조명 램프가 유일한 빛의 원천이었고 창문은 청색 새틴 커튼으로 항상 가려져 있었다. '프루스트의 방'은 오늘날 파리 역사 박물관인 카르나발레 박물관Musée Carnavalet에 전시되어 있는데, 이 방은 그가 사용하던 원래의 가구들로 재구성되었다. 베들레헴의 마구간에 있는 요람과 같이 신성한 공간은 종종 살짝 실망스러운 모습으로 남아 있기 마련인데, 이는 그곳에서 이름을 널리 떨친 사람과는 반대로 공간은 나날이 빛이 바래 왔기 때문이다. 1914년 초 아인슈타인이 밤낮없이 꽥꽥거리는 두 어린 아들을 키우며 아내와 부부 싸움을 하는 와중에 상대성 이론을 숙고했던 베를린-다렘의 에렌베르크스트라세 33가에 있던 아파트와 마찬가지로, 하나도 특별할 것 없는 곳이었다.

프루스트는 특히 밤이 되면 사방을 에워싼 벽의 침묵 속에서, 역마차에서 철로로, 자동차에서 비행기로 이어지는 당시의 급속한 변화에 매료되어 이를 글로 썼다. 전화기의 혁신에 대한 내용으로만 채워진 구절도 있다. 그는 전화로 오페라 라이브 공연을 들을 수 있는 회원제 서비스에 은밀하게 가입하기도 했다. 이 모든 것이 가져다 준 편리함에도 불구하고 프루스트는 '조급한 시대'를 비판적으로 바라보았다. 이 시대에는 1초가 한 시간보다 더 중요하다. 점점 더 짧은 시간 간격이 우리의 시간관념을 통제한다. '조급한 시대'는 '조급한 예술'을 낳는다. 예술가는 항상 최상의 것을 향해 주의를 돌려야 함에도 불구하고, 마치 우리의 관심사가 한 가지밖에 다는 듯이 청중이 질리지 않도록 하는 데만 급급하다. 평범한 기사는 열 줄도 채 읽기 전에 피곤함을 느끼면서도 매년 「니벨룽겐의 반지」를 보기 위해 바이로이트 지역으로 여행을 가는 사람들이 존재하기 때문이다.

1,500페이지가 넘는 책을 쓴 이 작가는 우리가 허락한다면, '한 시간은 단지 한 시간이 아니다'라는 사실을 일깨워 준다. 그것은 "향기와 소리, 계획과 날씨로 가득 찬 항아리다. 우리가 현실이라고 부르는 것은 동시에 우리를 둘러싸고 있는 감각과 기억 사이의 특정한 관계에 다름 아니다." 프루스트는 우리를 본질적인 것에서 벗어나게 하는, 도처에 존재하는 산만함의 위험성에 대해 잘 알고 있었다. 프루스트에 따르면 본질적인 것은 우리가 개인이라 부르는 것에 대한, 타협하지 않는 탐구다. '센서를 장착한 스쿠버 다이버'처럼, 우리는 매우 주의 깊게 심오한 지식을 건져 올릴 수 있다. "알 수 없는 기호로 채워진 책의 내면을 들여다보는 이 독서가 하나의 창작 행위다. 많은 사람들이 이미 글쓰기를 외면하고 있다!"

　　여러분 역시 이 책을 읽지 않기 위해 얼마나 많이 발버둥쳤는가? 작가들조차도 프루스트의 책을 읽지 않기 위해 매번 다른 일거리를 찾곤 했다. 문학에 대해 생각할 시간이 없다면서. 하지만 그조차도 변명일 뿐이다. 지성이 의무감을 벗어날 구실을 찾는 것이다. 예술에는 사과할 필요도 숨은 의도도 중요하지 않다. 예술가는 어느 순간에건 자신의 감정에 귀를 기울여야 한다. 이들에게는 예술이야말로 그들의 존재에 가장 현실적인 것이며 가장 엄격한 학교이자 마지막 심판이다.

상담가로서 프루스트의 존재는 어떤가? 작가 알랭 드 보통Alain de Botton은 그의 책『프루스트가 우리의 삶을 바꾸는 방법들』에서 프루스트의 작품으로부터 삶의 지혜를 이끌어 낸다. 이 책은 한 장 전체를 '시간을 어떻게 천천히 보낼 것인가'라는 주제에 할애했다. 보통은 이 장에서 독서의 장애물이라고 할 수 있는 '프루스트 문장의 엄청난 길이'에 대해서 언급하는데, 그 문장을 구성하는 단어들을 한데 붙이면 '아마 거의 4미터 길이'가 될 것이며 '와인 병의 중간 부분을 17번 정도 감을 수 있는 길이'가 될 것이다.

비행 서커스로 유명한 몬티 파이튼Monty Python의 코미디언들은 1972년에 TV 쇼 〈잉글랜드 종합 프루스트 요약 대회〉를 개최했다. 대회 참가자들 중에서 승자를 찾을 수 없었던 사실에서 볼 수 있는 것처럼, 프루스트와 그의 작품을 읽는 경험은 빠른 시간을 요구하는 즉각적인 욕구 만족과는 양립할 수 없음을 이들도 이미 알고 있었다. 모든 참가자가 주어진 15초 안에 프루스트의 책을 요약하는 일에 실패했다. 본질적인 것으로부터의 멀어짐이라는 주제도 이 대회에는 포함되어 있는데, 여기서 사회자는 '가슴이 가장 큰 여성'에게 황급하고도 무례하게 상장을 수여한다. 하지만 프루스트의 동생 로베르 프루스트가 말한 것처럼 "그 책을 읽을 시간을 얻으려면 중병이 들거나 다리가 부러져야만 한다"는 것은 아니다. 중요한 것은 프루스트의 책을 읽는 것이 아니라 그의 삶을 우리가 함께 살아보는 것이다. 책 읽기와 함께 속도를 줄이거나 늦추고, 읽기가 요구하는 집중력과 시간을 들여서 그의 세계를 들여다보면, 프루스트뿐 아니라 당신 자신의 세계조차도 훨씬 더 매혹적으로 보일 것이다.

프루스트를 읽는 것은 지식과 계시를 동시에 얻는 일이기도 하다. 바흐처럼 프루스트는 신의 증거 역할을 한다. "이 책이 너무 길어서가 아니라 읽으려면 영혼을 악기처럼 조율해야 하기 때문에, 이 책을 읽는 걸 평생 자랑스러운 업적으로 삼을 만하다." 작가 요헨 슈미트Jochen Schmidt는 600쪽 분량의 자기 실험서 『슈미트가 프루스트를 읽다』에서 이렇게 썼다. 셰익스피어의 작품에서처럼 프루스트의 풍부한 경험에는 인간이 지금까지 생각해 왔고, 생각하고, 앞으로 생각할 모든 것이 담겨 있다. 한 사람이 이룰 수 있는 일에 대해 프루스트의 예를 생각해 보면 나 자신부터 겸손해진다. 『잃어버린 시간을 찾아서』의 마지막 문장을 읽고 나면 당신도 다른 사람이 되어 있을 것이다. 그리고 처음부터 다시 시작하고 싶다는 유혹에 시달릴 테다.

눈 위의 흔적
SPUREN IM SCHNEE

1956년 12월 25일 오후, 한 남자가 눈 속에 파묻혀 죽음을 맞이했다. 이웃 농장의 두 아이가 그를 발견했다. 3561번 환자는 그날 오후 스위스의 아펜첼에 있는 헤리자우 요양원의 1호실을 나왔다. 그는 거의 30년의 세월을 정신과 병원에서 보냈다. 바흐테네그산을 올라 알프스와 콘스탄스호수가 내려다보이는 두 개의 작은 숲 사이에 있는, 상당히 가파른 개간지의 오르막길이 끝난 지점에서 78년을 살아온 그의 심장이 멎었다. 눈 속에서 죽은 그 사람은 20세기에 독일어로 쓰인 가장 매혹적인 글을 쓴 작가 로베르트 발저Robert Walser였다.

그는 작품 활동을 시작하고도 초기 수십 년 동안은 잊힌 작가였다. 장 폴 사르트르Jean-Paul Sartre는 "인생이란 돌이켜볼 때 비로소 의미가 있다"고 말한 적이 있다. 그때서야 예전에는 제멋대로이고 우연한 일처럼 여겨지던 모든 사건과 경험의 연결고리와 의미를 받아들일 수 있게 되는 것이다. 발저가 헤리자우에서 글쓰기를 그만둔 것은 확실하다. 그는 글쓰기를 목적으로 자신에게 제공된 방조차 거절했다. 그리고 인생의 거의 마지막 사분기를 종이봉투를 붙이고 콩깍지를 까거나 은박지를 분리하고 끈을 꼬는 일을 하며 완벽히 눈에 띄지 않게 살았다. 그는 대체로 몸을 숨기며 살았고 겸손했으며 스스로를 구름처럼 흩어지도록 만들었다. 그의 글을 관통하는, 진실과 진심으로 가득 찬 수많은 문장들은 파악하기도 붙잡기도 어렵다. "나는 구름을 가장 좋아합니다. 그것들은 착하고 조용한 동지처럼 너무나 친근하지요." 발저가 칼 젤리그Carl Seelig에게 한 말이다.

발저의 서적 발행인이었던 젤리그조차도 다른 사람들과 마찬가지로 수백 장이 넘게 빽빽하게 쓴 발저의 글에 더 이상 관심을 기울이지 않았다. 발저가 글을 쓴 곳은 종이 쪼가리부터, 영수증, 업무용 서류와 신문지의 여백에 이르기까지 다양했다. 이는 모두 1920년대 중반부터 10년 후 그가 마지막으로 절필할 때까지 쓴 글들로, 젤리그에 따르면 "스스로 발명한 것처럼 보이는, 해독할 수 없는 손 글씨"로 쓰여 있었다. 아주 작게 쓴 글씨는 높이가 점점 줄어들어서 끝에 가면 글씨의 키가 1밀리미터도 채 되지 않았다. 그 글씨들은 발저의 세상에 대한 거부 혹은 내면적 이민과도 같았는데, 1933년에 국가사회주의자들이 콘스탄스호수 반대편에서 '천년 제국Tausendjärige Reich'을 선포하면서 마침내 완전히 사라지게 되었다. 먼 곳에서 벌어지는 세계 대전의 공격으로 인한 폭발음이 헤리자우에 있는 발서의 귀에까지 희미하게 들려 왔다. '연필 구역'이라 이름 붙인 공간에 써내려 간 그의 마이크로 그람Mikrogramme(극도로 작은 발저의 글씨를 일컫는 표현-옮긴이)은 해독 불가능한 것은 아니었다. 발저는 극도로 줄여서 쓴 독일어 필기체로 자신이 본 것과 느낀 것을 묘사하고 구술하였으며 수많은 시와 에세이, 관찰기를 남겼다. 발저가 세상을 떠난 지 거의 반세기가 지난 후 문학 연구가들이 초경량 저작이라고 부른 그의 글들은 문학 학자인 베른하르트 에히테Bernhard Echte와 베르너 몰랑Werner Morlang의 거의 20년에 걸친 해독 작업을 거쳐 여섯 권의 책으로 출간되었다.

그리하여 깨알 같은 글씨로 적힌 526장의 글이 시시포스의 고역과도 같은 편집 작업을 거쳐 처음으로 약 4,500페이지에 달하는, 완전히 해독 가능한 글로 재탄생했다. 저승의 신들에게 영원한 저주를 받은 시시포스는 언덕 위로 거대한 바위를 매번 굴려 올리지만 정상에 도달하기 전에 어김없이 바위는 굴러 떨어진다. 알베르 카뮈는 그런 그를 행복한 사람이라고 불렀다. 발저도 한 사람에 대해 비슷한 생각을 했다. 1843년 사망할 때까지 튀빙겐에 있는 건물의 꼭대기 방에서, 발저가 정신병원에서 생애 후반기를 보낸 시간과 비슷하게 30년 이상을 정신적 혼란상태로 보낸 시인 프리드리히 횔덜린Friedrich Hölderlin에 대해서 발저가 쓴 글이다. "놀다 지친 어린아이와 같이 온갖 소원들도 잠에 빠진다. 죽음으로 가는 길은 수도원이나 로비에 있는 것과 같은 느낌이다. 나는 횔덜린의 생애 마지막 30년이 문학 교수들이 묘사하는 것처럼 그다지 불행하지 않았다고 확신한다. 세상의 끝없는 요구를 충족시켜야 할 필요 없이 소박한 방에서 꿈을 꾸듯 살아가는 사람은 분명 순교자가 아니다. 다만 사람들이 그를 순교자라 부를 뿐이다." "그것은 사람들이 만들어 낸 환상일 뿐이다." "마치 나를 아는 양 행동할 수 있는 자격을 가진 사람은 아무도 없다." 아웃사이더였던 발저는 일찍이 위와 같은 경고를 했다.

물론 발저가 죽은 후 수십 년이 지난 지금, 그를 20세기에서 가장 영향력 있는 독일어를 구사한 작가 중 한 명으로 우러러보는 후대의 독자를 겨냥한 경고라고 보기에는 발저는 분명 너무 겸손한 사람이었다. 글을 쓸 때, 발저는 가식과는 거리가 먼, 순수하게 겸허한 자세를 보였다. 발터 벤야민이 한때 발저에 대해 "의도적인 언어적 야만성"이라고 부른 발저의 글쓰기 저변에는 엘리아스 카네티Elias Canetti(1981년에 노벨 문학상을 수상한 영국의 작가-옮긴이)가 간파한 것과 같은 "모든 시인 중 가장 눈에 띄지 않는" 모습이 숨어 있었다. 그는 늘 원해 왔던 대로 눈에 띄지 않게 사라졌다. 언젠가 발저는 깨알 같은 연필 글씨로 쓴, 마이크로그람 글 모음 속에 "넌 스스로를 진짜 사라지게 할 수도 있었는데, 너를 우화로 만들 수 있는 기회를 놓쳤구나"라고 썼다. 이후 다른 사람들에 의해 그에 관한 우화들이 창조되었고 발저의 실종은 그것으로 끝나지 않았다.

마이크로그람 글 모음에서 W.G. 제발트W.G. Sebald가 발저의 가장 영리하고 대담한 글이라고 평한 소설 『도둑』의 원고가 발견되었다. 형식이나 내용 면에서 불안과 불온함으로 가득 찬 이 책을 읽을 때 독자들은 기꺼이 자신을 책 속으로 내던져서 집중해야 한다. 소설 속 화자가 사건의 과정을 골똘히 떠올리는 와중에 갑자기 빈털터리 강도가 베른에 있는 설교단에 올라가 모인 신도들에게 사랑에 대한 설교를 하기 시작하고, 그러다 끝내는 도둑의 애인인 에디트가 그를 쏘는 것으로 마무리된다. "물론 시간은 1분 1분 앞으로 나아간다. 사실 시간이 마침내 정지하는 것이 어떤 지성인에게는 뭔가 기괴한 것으로 여겨진다는 생각을 그녀는 한 번도 한 적이 없었다. 모든 것이 평화롭게 누워 잠들고 휴식을 취한다면 그것처럼 흥미롭고 새로운 일이 없을 것이다."

1986년부터 스위스 최초의 문학 하이킹 루트로 헤리자우에 총 길이가 7킬로미터가 넘는 로베르트 발저의 길이 조성되었다. 이 길의 곳곳에는 발저의 인용문이 새겨져 있다. 또한 이 순환 경로는 로젠발트를 거쳐 발저가 영원한 휴식에 빠졌던 빈터로 이어진다. 그러나 눈 속에서 얼어 죽은 그의 삶을 존중하는 의미에서 그가 죽은 위치를 정확히 표시하지는 않았다. 어느 정도 걷다 보면 아무 눈치도 채지 못한 채 그곳을 지나게 된다.

남아 있는 가치

BLEIBENDE WERTE

기원전 2600년경 석회암으로 만들어진 이집트 이피 조각상

지질학에서는 '장구한 시간Deep Time'이라는 용어를 사용하여 지구의 초기부터 흘러온 시간을 정의한다. 무기물과 물질의 기원과 형성 시기를 결정하는 일은 쉽지 않다. 과학적인 방사성 탄소 및 열 발광 연대 측정 방식은 6만 년에서 최대 50만 년까지의 연도밖에 측정할 수 없다. 그럼에도 불구하고 과학자들은 세계에서 가장 단단한 광물인 다이아몬드가 대부분 불과 몇 십만 년 전에 화산 분출을 통해 지표면 위로 올라왔다고 확신한다. 매사추세츠 공과대학의 연구에 따르면 우리 행성에서 가장 귀중한 보석인 다이아몬드는 지구의 깊숙한 내부의 열기 속에서 형성되며, 아직도 그곳에는 압착 탄소로 만들어진 수십억 톤의 다이아몬드가 매장되어 있는 것이 확실하다고 한다. 금의 경우는 이와 확연히 다르다. 금은 광물학적 과정에 의해 형성된 것이 아니라 은하계의 천체 간 충돌에 의해 발생한 것으로, 지표면이 식기 훨씬 전인 수십억 년 전에 운석 폭발로 지구에 퇴적되었다. "모든 것이 존재해야 하기 때문에, 나 역시 그곳에 존재하게 되었다. 땅이 물에서 분리되고 마치 무당의 거대한 손에 의한 것처럼 온 세상의 대륙이 서로 떠밀려 갈 때, 그 어떤 떨리는 것이 아메바와 박테리아에 생명을 불어넣었을 때." 시인 얀 바그너Jan Wagner는 라디오 연극에서 자신의 목소리로 금의 이야기를 전했다.

　세계에서 가장 비싼 귀금속인 파라오의 황금은 오래전에 완벽한 형태를 위한 재료로 사용되었다. 저명한 이집트학자인 디트리히 빌둥Dietrich Wildung은 "박물관에 있는 많은 물건들은 일상적으로 사용하기 위한 것이 아니었다. 그것들은 무덤에서 다음 세대를 위한 선물로 남아 있기 때문에 수천 년 동안 보존될 수 있었다."라고 말한다. 그는 기원전 2600년경 석회암으로 만들어진 파라오 스네프루Snofru의 궁정에서 나온 연주자의 모습 앞에 서 있다. 좀 더 정확히 말하면, 이것은 서서 걸어가는 모습이다. "서 있는 채로 걸어가고, 걸어가는 채로 서 있는 형상." 토마스 만은 한때 이집트 인물들의 전형적인 자세에 대해 이같이 더할 나위 없이 적절한 표현을 사용한 바 있는데, 뮌헨 주립 이집트 미술박물관의 궁정 악사 옆에도 똑같은 설명문이 붙어 있다. 빌둥은 오랫동안 미술관의 관장으로 일했다. 회색빛 콧수염과 번지르르한 눈썹, 그 외에도 어떤 선택적 유사성이 그를 독일 작가로 보이게 한다. 그가 사용하는 언어나 발음도 마찬가지다. 1941년 카우프보이렌에서 태어난 빌둥은 빈틈없고 기민한 타입의 사람으로 언제든지 활자화될 수 있는 문장을 사용하며, 아무리 오래 걸리더라도 항상 문장을 완벽히 끝맺는다.

생각이 적절하게 표현된 언어를 맞이하는 지적 쾌감을 그의 말을 듣고 있으면 느낄 수 있다. "이집트인들은 우리가 오늘날 그들을 어떻게 대하는지 또 그들이 우리를 어떻게 대하는지 궁금해 하리라고 생각합니다. 그들의 동상 앞에서 청중은 '보는 사람'에서 '보이는 사람'으로 변신하지요. 그들은 우릴 그저 바라보는 걸까요, 아니면 꿰뚫어 보는 것일까요?" 이 말과 함께 그는 고대 이집트의 고관이었던 이피를 상징하는 작은 조각상과 작별을 고하고 프톨레마이오스 시대Ptolomäischen의 파주헤루Pajuheru가 쓴 '죽음의 책'을 비롯한 수집품 앞을 걷다가 걸음을 멈추었다. 기원전 3세기에 쓰인 8미터 길이의 파피루스 문서를 '죽음의 책'이라고 이름 붙인 것에 대해 그는 불평했다. "저는 고대 이집트인들에게는 죽음이라는 말을 일부러 쓰지 않는데, 이들에게 죽음이란 오히려 우리 앞에 놓여 있는 삶의 영역, 즉 죽은 후의 생활이었기 때문입니다. 흔히 우리가 '죽음의 숭배'라고 부르는 개념은 유한성을 자각하는 데서 오는 반응이며, 한평생 준비해 온 두 번째의 영원한 삶에 대한 개념이기도 합니다. 이집트인에게 죽음이란 과도기의 순간이며, 그때를 위한 준비 과정인 것이죠."

이집트 제국의 5천 년 역사에 대한 그 모든 지식을 우리는 어디서 얻을 수 있었을까? 유물들 외에도 완전히 해독 가능한 상형 문자가 있었다. "이제 그걸 알겠어!" 1822년 파리에서 31세의 나이의 장 프랑수아 샹폴리옹 Jean-François Champollion이 그의 동생에게 소리쳤다. "난 찾았다고!" 알렉산더 대왕은 기원전 331년 이집트 정복 후 고대 그리스어를 그곳의 행정어로 제정했고, 상형 문자 이외에도 여러 언어로 쓰인 로제타 스톤과 같은 석비 등을 남겼다. 아마도 이스터섬의 롱고롱고Rongorongo 문자나 인도 북서부 지역의 4천 년 이상 된 인더스 문자는 영원히 해독되지 않은 상태로 남아 있을 것이다. 문자를 해독할 수 있는 암호가 여전히 없기 때문이다. "오늘날 이집트학자들이 해독할 수 있는 모든 무덤과 장례식의 비문은 오늘날 우리가 쓰는 부고문과 똑같답니다." 눈을 찡긋하며 빌둥이 말했다. "이들은 그 속에 이상적 인간상을 묘사했지요. 이집트 사람들은 살아 있는 동안의 직업적 성공에는 관심을 덜 기울였어요. 왜냐하면 중요한 것은 인간성이었으니까요. 오로지 저승에서 오시리스 판사 앞에 놓인 정의의 저울 위에 올라갈 도덕적 자격만이 중요했던 거죠. 또한 무덤 속의 그림이나 동상에서는 조화로운 가정생활을 묘사한 내용이 매우 중요한 자리를 차지하고 있습니다. 자손은 고인을 지속적으로 추모하기 위한 전제 조건이기도 하거든요." 부활의 신인 오시리스가 인간에게 요구한 많은 사항들이 후에 구약 성경에서 모세의 십계명 이라는 요약된 형태로 등장했다. 인간 윤리의 기원이 된 이집트의 도덕 관념은 로마 제국의 국가이성Raison d'État의 일부분이기도 했다. 결국 사후 세계에서 살아갈 때 가장 중요한 요소는 지상의 부와 소유가 아니라, 좋은 행동과 공동체 의식, 가족 간의 유대감뿐이었다.

그런데 다이아몬드는 나일강의 보석 세공사들이 보석 재료로 사용하지 않았다. 1996년 리비아 국경과 사하라사막 한가운데에서 멀지 않은 이집트의 한 지역에서 작은 검은 돌이 발견되었는데, 대부분 마이크로밀리미터 크기의 다이아몬드로 이루어진 이 검은 돌은 그 후 엄청난 학술적 수수께끼가 되었다. 2018년 초, 과학 학술지인 『지질 및 우주화학 연구지』에 요하네스버그대학 연구팀이 연구 내용을 발표했는데, 이에 따르면 그 돌은 대부분의 다이아몬드와는 달리 지구 내부에서 온 것이 아니었다. 그러나 고대 그리스의 여성 지질학자 히파티아Hypatia의 이름을 따서 명명된 이 돌의 원소 성분 중 일부는 우리 행성계의 태양보다 오래되었고 우리가 지금껏 짐작할 수 있는 그 어떤 곳보다 멀리에서 온 우주 먼지로서 지구에 도달했으리라 추정된다.

투탕카멘 KV62 무덤에서 발견된 투탕카멘의 보물

'재는 재로, 먼지는 먼지로.' 이 말은 기독교인이 생의 마지막 예배를 할 때 자주 사용하는 표현으로, 삶의 유한성과 원점으로의 귀환을 설명하기 위한 것이다. 양성애자 외계인 지기 스타더스트Ziggy Stardust라는 페르소나를 창조했던 데이비드 보위는 우주에 사는 모든 생명체는 말 그대로 별의 먼지Stardust로 만들어졌다는 것을 지구인들에게 일깨워 주었다. 그리고 우리 모두는 다시 먼지로 돌아간다. 고대 이집트인들은 히파티아에 대한 탐구를 우리의 손에 맡겨 두었다. 투탕카멘 브로치의 중심부는 광택이 나는 다이아몬드는 아니지만, 2천 8백만 년 전 운석이 사막의 모래를 섭씨 2,000도로 가열했을 때 만들어졌을 가능성이 높은, 단순하고 세련된 스카라베Scarab 모양의 노란색 유리로 되어 있다. 히파티아는 그 속에 있었다.

얼음 호수 위의 행렬

DIE EISPROZESSION ÜBER DEN BODENSEE

(상) 1963년의 얼어붙은 보덴제
(하) 지그프리르네를 그린 그림

지구상에 존재하는 종교는 수천 년의 의식과 전통을 상징한다. 오랜 시간을 통해서도 변하지 않는다는 사실로 인해 종교는 그 효과를 드러내고 응집력을 발휘한다. 거의 2천 년 동안, 카마 수트라Kama Sutra(고대 인도의 성애에 관한 문헌-옮긴이)는 힌두교를 믿는 10억 명의 신도에게 핵심적인 경전이었다. 유대인은 예루살렘의 울부짖는 성벽에서 500년 동안 기도해 왔다. 에티오피아 정교회의 뜸캇Timkat 축제는 그 역사가 6세기까지 거슬러 올라간다. 이 전통 있는 축제에는 곤다르나 랄리벨라 같은 옛 동아프리카 도시에서 수만 명이 참가한다. 빽빽하게 모인, 하얀 옷을 입은 신자들은 밤에 강이나 거대한 세례용 야외 수영장에 모여 목사가 축복을 내린 물로 자신들의 몸과 십자가를 적신다.

스페인 아라곤의 칼란다에서 부활절 전 주에 치러지는 '롬피다 데 라 호라Rompida de la hora' 축제에 대해서 스페인 영화감독이자 초현실주의자인 루이스 부뉴엘Luis Buñuel보다 더 상세하게 묘사한 사람은 없었다. 중세 후반부터 시작된 이 축제에서는 남녀노소 24시간 동안 상상할 수 있는 모든 크기의 타악기와 시끄러운 소리를 내는 도구를 이용해서 북을 친다. 자줏빛 예복을 입고 두건을 쓴 사람들이 마지막 식사인 와인과 맥주의 광기에 취해 북을 두드리는 모습을 쉽게 볼 수 있다. 어떨 때는 손에서 피가 튈 때까지 북을 치기도 한다. 그리스도의 죽음과 그의 죽음으로 발생했다고 여겨지는 지진을 기리는 이 축제에서는, 지옥의 소리와도 같은 소음으로 피할 수 없는 재앙에 대한 고통과 절규를 표현한다. 한참 동안 굉음이 지속되고 사람들의 머릿속에서 북소리가 저절로 울리는 동안, 칼란다의 군중은 기괴하게 끊어지는 운율로 이야기를 시작한다고 부뉴엘은 전한다.

수세기 동안 전승되던 여러 가톨릭교회의 관습과 문화는, 현대에 이르러 세속화와 제2차 바티칸 공의회 이후의 개혁으로 서서히 막을 내리기 시작했다. 성미사의 예배 언어인 라틴어는 각국의 언어로 대체되었고, 사제는 성체 성사를 집전할 때도 과거처럼 신자를 등지지 않고 신자들 쪽으로 몸을 돌렸다. 어쩌면 청중에게서 몸을 돌리고 일하는 직종으로는 지휘자가 마지막이 될 것이다. 그런데 제2차 바티칸 공의회가 열리던 1963년 2월 12일, 완전히 얼어붙은 콘스탄스호수를 가로지르는 가톨릭과 개신교 기독교인들의 엄숙한 행렬이 독일 하그나우Hagnau에서 출발하여 스위스 뮌스터링겐Münsterlingen으로 이어졌다. 그날 얼음 위로 발걸음을 옮긴 신심 깊은 군중은 약 3

천 명으로, 로마에서 교황 요한 13세 앞에 모인 주교와 교구 신부들의 숫자와 같았다. 하그나우에서 뮌스터링겐까지 이어지는 수상 거리는 약 7킬로미터이고 콘스탄스호수[보덴제Bodensee]의 깊이는 스코틀랜드 네스호의 깊이에는 한참 못 미치지만, 그래도 250미터 정도 된다. 두께가 10센티미터가 넘는 호수의 얼음은 수많은 사람들을 실어 나르기에 거뜬했다. 가장 먼저 두 남자가 화관을 씌운 성 요한의 흉상을 들것에 싣고 걸어갔다. 이 요한은 에티오피아의 침례 의식과 관련된 세례 요한이 아니라 다채로운 나무 조각상으로 유명한 사도 요한Evangelisten Johannes 이다.

콘스탄스호수가 500제곱킬로미터가 넘는 지역에 걸쳐 완전히 얼어붙으면 이것을 독일 쪽에서는 '지그프뢰르네Seegfrörne'라고 부르고 스위스에서 '지그프뢰르니Seegfrörni'라고 부른다. 둘 다 얼어붙은 호수라는 뜻이다. 이 현상은 16세기 말 이후 겨우 일곱 번밖에 일어나지 않았다. 100년에 한 번 혹은 많아도 두 번 이상 일어나지 않는다. 뮌스터링겐 수도원에 있는 사도 요한의 고딕 흉상은 1573년에 처음으로 얼음을 가로질러 하그나우로 옮겨졌다는 사실이 증명되었는데, 애초에는 행렬이라기보다는 그저 처음 시도하는 행사 정도였다. 하그나우 시민이 남긴 사후 노트에는 스물여덟 살에 얼어붙은 콘스탄스호수 위를 가로질러 뮌스터링겐의 '성스러운 초상'을 가져왔다는 내용이 암시적으로 적혀 있는데, 이는 당시 스위스 쪽 내륙에서 우상 파괴를 외치는 '이교적 사악함'이 맹위를 떨치고 있어서 사도 요한의 흉상이 파괴될 상황에 처했기 때문이었다. 1573년이라는 연도가 사도 요한의 흉상에 기록되어 있다. 또한 이 조각상이 스위스에서 독일로 옮겨진 해인 1796년, 1830년, 1963년도 함께 새겨져 있다. 1573년 이후에 볼 수 있었던 흉상 이송을 위한 추가적인 행렬도 언급된다. "100년이 지난 후, 그는 얼어붙은 호수를 가로질러 다시 이곳으로 돌아왔다."

하지만 그 후로는 전쟁 또는 너무 연약해진 얼음의 상태가 행렬을 가로막았다. 처음 얼음 위를 건너는 이들의 안전을 확보하기 위해 징검다리나 나침반, 나팔과 막대기, 사다리 등을 준비했다. 남자들은 얼음이 깨질 경우 얼음 사이로 빠진 사람을 구조하기 위해 밧줄로 서로의 몸을 묶었다. 망치로 얼음을 내리쳐서 표면이 깨지지 않으면 호수 위를 지나갈 수 있는 것으로 판단했다. 지나가는 길에는 굵은 나뭇가지와 전나무 가지를 내려놓아 경로를 표시했다. 1963년에도 얼음 호수를 지나는 것은 여전히 위험했다. 안전하지 않은 길을 처음으로 건너간 젊은 이들은 호수 한가운데에서 발밑이 흔들거리면서 곧장 거미줄처럼 갈라져 균열을 보이던 순간의 아찔함을 증언했다. 건너는 도중 죽은 사람도 있었다. 한 남자는 자전거를 타고 건너다 익사했다. 학생 두 명이 빙판 위에서 표류하다가 다음 날 얼어 죽은 채 발견되기도 했다.

1963년 2월 12일 사도 요한의 흉상을 들고 133년 만의 행렬을 위해 앞으로 나아간 귀도 헤스Guido Hess와 발터 스펙Walter Speck에게 빙판 위를 걷는 것은 더 이상 위험하게 느껴지지 않았다. 모페드Moped(모터와 페달을 갖춘 자전거의 일종-편집자)와 비행기, 자동차, 유모차, 스케이트와 롤러스케이트, 개가 끄는 썰매와 펼쳐진 우산을 타고 강풍에 얼음 위로 미끄러지듯 나아가는 사람들. 2월과 4월 사이에 얼어붙은 호수는 거울처럼 매끄러운 표면 위로 현지인만 끌어들이는 것이 아니었다. 주위는 완전히 민속 축제 분위기였다. 하그나우 사람과 뮌스터링겐 사람이 얼음 위에서 만나 소시지와 글뤼바인Glühwein(각종 과일과 향료를 넣어 데운 포도주-옮긴이)을 파는 노점상에서 즐겁게 잔을 나누었다. 말을 탄 사람이 서둘러 앞으로 나아가고 양쪽의 성직자들은 와인 배럴을 교환하면서 서로의 신앙을 확인했다. 제2차 세계 대전이 끝난 지 20년이 되지 않아 양국의 정치인들과 사제들, 깃발을 든 자들과 양국의 악단이 종소리와 함께 세계 평화를 기원했다.

그 후 흉상은 뮌스터링겐의 성 레미기우스Remigius의 성구 보관실에 보관되어 있다. 수도원 교회 안에서는 복제

S. IOANNES EVANGELISTA

Diese Bildnis ist Año 1573 den 17 Feb. als der Boden=
=see überfrören war von Münsterlingen nacher
Hagnau übertragen, und dort auf das Rathaus
gelezet worden, nach 100 Iahren wurde sie bei über=
frohrnem See wider hicher gebracht. Año 1796 aber
zur zeit des Franzosen Kriegs das 3te mal zuruck
=gestellt und renoviert von F.X. Faivre.

얼어붙은 콘스탄스호수를 건넌 사도 요한의 흉상

품이 예배자를 맞이한다. 하그나우의 사람들은 지구 온난화 때문에 얼음 행렬에 종말이 와서 유물의 반환을 바라는 희망이 실현되지 않을 것을 두려워하고 있다. 2013년 독일과 스위스에서 열린 마지막 지그프리르네 50주년 기념행사에서 부제副祭였던 마티아스 로레탄Matthias Loretan은 1963년 이후에 전시회를 위해 만든 성 요한의 복제품을 하그나우 박물관에 남겼다. '희열과 연민이 섞인 상태에서' 한 일이었다며, 로레탄은 윙크와 함께 흉상 제작의 변을 대중에게 공표했다. 2014년 2월 초에 하그나우의 교구 신부 볼프강 뎀링Wolfgang Demling이 발표한 것처럼, 독일과 스위스의 교회 신도들은 이 목조로 된 사도 요한의 복제품을 나룻배에 실은 다음, 다시 버스와 승용차에 태워 뮌스터링겐으로 다시 데려왔다. 뎀링 신부는 흉상과의 이별에 눈물까지 흘렸다고 한다. 3주 후, 뎀링 신부는 운전 사고로 100미터 깊이의 호수에서 죽음을 맞이했다.

백과사전
ENZYKLOPÄDIEN

중국 사전 박물관의 소장품

지식이 커짐에 따라 무지도 커진다. 셰익스피어는 자신의 희극『좋을 대로 하시든지』에서 "바보는 자신이 현명하다고 생각하지만, 현명한 사람은 자신이 바보라는 것을 안다"고 썼다. 우린 항상 그것을 염두에 두고 살아야만 한다. 이를 잘 알고 있기 때문에 지식에 대한 갈증, 인간의 지식에 대한 추구도 생겨나는 것이다. 백과사전은 우리의 호기심과 야망을 위한 훌륭한 놀이터다. 인간은 거기에 질서와 구조를 부여하기 위해 수천 년의 경험과 지식을 문서화한다. 철학자인 미셸 푸코Michel Foucault가『말과 사물』에서 호르헤 루이스 보르헤스Jorge Luis Borges의 글에서 인용한, 지구상에 알려진 모든 동물을 포함해서 고대에 만들어졌다는 중국의 백과사전에는 다음과 같은 동물들이 있다.

(a) 황제에 속하는 동물

(b) 방부 처리된 동물

(c) 길들여진 동물

(d) 젖을 빠는 돼지

(e) 인어

(f) 전설상의 동물

(g) 주인 없는 개

(h) 이 분류에 포함된 동물

(i) 미친 듯이 행동하는 동물

(j) 낙타 털과 같이 미세한 모필로 그릴 수 있는 동물

(k) 기타

(l) 물 주전자를 깨뜨리는 동물

(m) 멀리서 볼 때 파리같이 보이는 동물

보르헤스는 이 같은 세분화된 지식을 자애로운 지식을 담은 고대 천상의 보물함 속에서 발견했다고 주장했다. 사실 중국인의 생각은 유럽인의 생각보다 훨씬 더 일찍 백과사전적으로 발전했다. 20세기 초 제국이 멸망할 때까지 2천 년이 넘는 기간 동안 각종 인용 문헌을 통해 지식이 축적되었다. 백과사전과 개요서는 유기적으로 발전했다. 도 사상이 싹튼 이래로 하늘과 땅, 사람과 동물에 대한 지식은 이후 다른 텍스트나 자료에서 나온 몇 문장에서 반복적으로 확대되었다. 독창성이나 저자는 중요하지 않았고, 오히려 인간이 무엇을 알 수 있는가에 대한 가능성의 도전과도 같았다. 신학자 한스 반 에스Hans van Ess는 중국 각지의 백과사전에 대해 '플로릴레기움Florilegium'이라는 용어를 선사했는데, 이는 고대 및 중세의 중요한

문헌에서 수많은 학자들의 명언이나 중요한 발췌문을 수록한 책을 가리킨다. 1만 권 이상의 책과 2만 2천 개 이상의 두루마리로 구성된 영락대전永樂大典 백과사전은 농업에서 천문학, 의학에서 종교에 이르기까지 8천여 권의 문헌에서 나온 주제를 의미심장하게 서로 연관시킨 것으로, 수천 명의 학자들에 의해 만들어졌다. 이 문헌들에 포함된 지식은 수나라 때부터 6세기 초의 당나라 후기에 이르기까지 궁정 대신들을 대상으로 한 시험에서 활발하게 토론되었지만, 1912년 인민 공화국이 건국된 후로 중국 고대의 지식은 배척되었다. 고대 지식의 폐지와 함께 서구식 지식에 기초한 시험 제도와 서구식 모델의 대학 제도가 도입되었다.

중국에서는 3천 년 전에 다메라 펠타타Darmera peltata(인도 대황 또는 우산 식물) 잎에 새긴 경전이 발견되었다. 인도 사람들은 종려나무 잎에 도서관 전체 분량의 내용을 적어서 보존했고, 오늘날 해독이 가능하게 된 4천 년 된 수메르 점토판도 있으며, 남아메리카의 잉카인들은 7세기부터 키푸Quipu라는 다양한 매듭 형태를 통해 지식을 전승했다. 유럽에서는 인쇄가 발명된 지 3백 년이 지나 계몽주의 시대가 도래하면서, 지식의 전달과 조직에 있어서 완전히 새로운 가능성이 열렸다. 프랑스 사상가 볼테르Voltaire의 『불온한 철학사전』은 10년 동안의 연구를 거

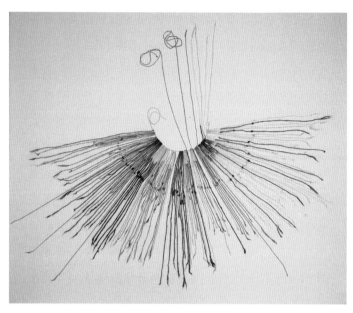

잉카에서 지식을 전승하는 수단으로 쓰인 매듭 '키푸'

쳐 1764년에 출판되었다. 1740년경, 페미니스트 루이즈 뒤팽Louise Dupin이 시작한 저술 작업은 그녀가 죽기 전까지 60년 동안이나 계속되었는데, 미출간된 그녀의 원고는 20세기에 와서야 빛을 보았다. 루이즈가 쓴『여성에 대한 책Ouvrage sur les femmes』은 현재 이성異性에 대한 백과사전으로 여겨지고 있으며 여성과 관련된 사회적·경제적·정치적 현상에 대한 역사적 단면을 제공한다. 한편 1751년에서 1780년 사이에 드니 디드로Denis Diderot와 장 르 롱 달랑베르Jean le Rond d 'Alembert는 35권으로 이루어졌으며 7만여 개 이상의 항목이 포함된『백과전서 혹은 과학, 예술, 기술에 관한 체계적인 사전』을 발간했다. 루이즈 뒤팽은 이 백과사전에 '여성Femme'이라는 키워드를 가진 항목을 제공했다. 텍스트는 매번 새롭게 해석되면서 그 중요성이 점점 더 커지고 있다. 시간은 중요하지 않다.

바티칸은 1879년부터 중세 신학자 토마스 아퀴나스Thomas Aquinas의 작품에 대한 비판적 번역 작업을 시작했는데, 현재의 작업 속도에 따르면 수십 년 뒤에 완성될 것이라고 한다. 1901년, 많은 연구원들이 1716년에 사망할 때까지 6만 건이 넘는 텍스트를 남긴 철학자이자 수학자, 외교관이었던 고트프리트 빌헬름 라이프니츠Gottfried Wilhelm Leibniz의 글에 대한 연구를 시작했다. 지금까지 최대 1,000페이지로 엮은 60권 이상의 책을 여덟 개 시리즈로 출간했는데도 그 끝이 보이지 않는다. 사전도 사정이 거의 비슷하다. 옥스퍼드 영어 사전은 1857년에 편집 작업이 시작되었고, 30년 후에야 첫 권이 나왔다. 지난 1,000년 동안 수집된 60만 개가 넘는 단어로 이루어진 이 사전은 250만 개가 넘는 출처를 가지고 있다. 독일에서는 그림 형제Gebrüder Grimm가 독일어를 완전히 파악하기 위한 고군분투를 1838년부터 시작했다. 1961년, 이들의 독일어 사전이 123년 만에 32권으로 완결되자 곧바로 새 판을 출간하기 위한 작업이 시작되었다.

무언가를 반복해서 행하는 것은 전혀 비난받을 일이 아니다. 인간은 아이들이 매일 밤 같은 동화책 읽기를 좋아하는 것처럼 반복을 사랑한다. 세상 전체를 이해할 방도가 없다 하더라도 지식에 대한 우리의 갈망은 결코 충족될 수 없다. 로베르트 무질Robert Musil의 『특성 없는 남자』에 나오는 파울 아르하임 박사와 같이 문학계에서 보편적인 지식을 가진 학자는 죽었다. 오늘날 물리학자와 수학자, 사회학자 사이에서는 동일하고 전문화된 주제가 아니라면 상호간의 의사소통이 거의 이루어지지 않는다. 여기에 한몫을 하는 것은 언어가 가진 결점이다. 언어는 우리의 이해와 야망을 키우기도 하지만 억제하는 역할을 하기도 한다. "자신의 생각을 제대로 표현할 수 있는 인간은 없다. 인간의 언어란 춤추는 곰을 들끓는 가마솥에 올려놓은 채 음악을 틀어 놓고는, 별을 헤아리고자 하는 것이나 다를 바 없기 때문이다."불행하게도, 귀스타브 플로베르의 이 표현은 절대적으로 옳다. 1880년 죽기 전 마지막 20년 동안 그는 소설 『부바르와 페퀴셰』를 쓰면서 두 주인공이 하나의 분야에서 다음 분야로 넘어 가는 동안 1천 개가 넘는 안내서와 사전, 백과사전을 섭렵했다. 농학에서 자연과학으로, 해부학과 의학에서 철학과 종교로, 소설 속의 주인공들은 온갖 전문 분야를 섭렵하지만 그것들을 이해하고 실행하는 단계에서는 어김없이 무너지고 만다. 플로베르는 이들을 바보로 묘사한 것이 아니라 오히려 '우리 시대'의 어리석음을 조롱하려 한 것이다. 부바르와 페퀴셰는 '그저 모든 것'을 배우고 싶어한다. 플로베르는 자신의 소설에 대해 오래전 친구에게 토로한 것처럼 '아무것도 아닌 것에 관한 책'을 쓰고자 했다. 모든 것은 아무것도 아니고 아무것도 아닌 것이 모든 것이다. 우주론자들이 빅뱅에 대해 사용한 표현이건, 선 불교도들이 삶의 지혜를 요약한 것이건 혹은 형이상학적 질문에 대한 철학자들의 답변이건, 이 문장은 일상이라는 전쟁터에서 평화와 위안을 선사한다.

소리 내는 악기

KLANGKÖRPER

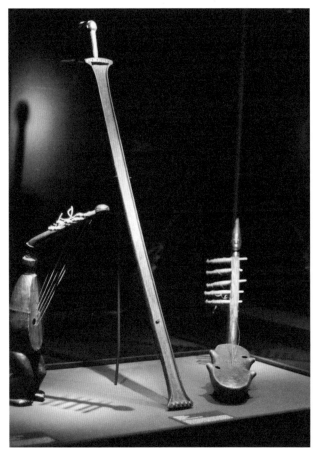

베를린 민족박물관에 전시된 아프리카 악기들

수많은 위대한 음악가들은 바흐의 「바이올린 솔로를 위한 파르티타 2번 D단조」(BWV 1004)의 5악장을 인류의 가장 중요한 업적까지는 아니더라도 창작 음악 중 가장 위대한 작품이라고 생각한다. 1720년 라이프치히에서 작곡되고 2002년 기돈 크레머Gidon Kremer에 의해 재해석된 이 곡, 즉 바흐의 샤콘느Chaconne는 2002년 오스트리아 로켄하우스에 있는 교구 교회의 제단 앞에서 녹음된 것으로, 많은 이들이 음악 연주 역사상 가장 성공적인 15분 동안의 공연이라 부른다.

운전대를 잡고 큰 소리로 팝 음악을 따라 부는 사람도, 경기장에서 수만 명의 팬들과 함께 좋아하는 밴드 음악에 환호하는 사람도, 결국에는 유튜브에 올라온 크레머의 샤콘느 연주를 통해 바흐를 접하게 될 수 있다. 음악은 당신을 울게도 할 수 있고 완전히 사로잡을 수도 있다. 자동차나 무도회장, 콘서트장의 관객석과 교회에서 음악을 듣거나 재생 목록을 누를 때, 샘솟는 깊은 감동을 느끼기 위해서 악보를 숙지하거나 해석할 필요는 없다. 샤워기 아래서나 교회 합창단에서 노래를 불러 본 적이 있는 사람, 혹은 이슬비가 살짝 내리는 오후의 숲 어귀에서 머리

위로 동물의 뼈를 들어 올리며 노래 부르고 춤을 춰 본 사람은, 우리가 오래된 음과 소리에 맞추어 수천 년 동안 이어져 온 의식에 참여하고 있다는 사실을 깨달을 것이다.

우리는 혼자가 아니다. 음악, 노래, 율동은 이전에도 있어 왔고 우리의 먼 미래에도 있을 만고의 존재를 창조해 낸다. 다니엘 바렌보임Daniel Barenboim이 흰 정장을 입고 하얀 그랜드 피아노 위로 몸을 굽혀 쇼팽의 피아노 소나타 속으로 뛰어들 때, 우리는 갑자기 악기가 공간적·음악적으로 연장되어 인간의 몸으로 녹아드는 것 같은 느낌을 받는다. 음악을 연주하거나 들을 때 우리는 마치 그것의 일부가 된 것 같은 경험을 한다. 음악은 우리를 유혹함과 동시에 고양시킨다. 지미 헨드릭스Jimi Hendrix가 말한 것처럼, 언제 어떻게 마주치건 (심지어 쇼핑센터 안에서도) 그 안에 완전히 몰입하는 순간, 음악은 우리에게 진실해질 수 있는 기회를 준다.

2014년, 레바논의 음악가이자 작곡가인 타렉 아투이Tarek Atoui는 수백 년 동안 연주되지 않았던 여러 악기를 베를린 민족박물관에서 연주했다. 전시된 악기들은 보관되고 분류되면서 본연의 소리를 잃는다. 아투이는 연구 대상으로만 남아 있던 악기들에게 생명을 불어넣고자 그를 비롯한 다른 음악가들과의 즉흥 연주를 추진했다. 그는 오랜 시간을 들여 박물관 담당자를 설득했다. "나는 시간을 거스르는 일을 하고 싶지 않다. 나는 시간과 함께 작업하고 싶다." 희귀한 악기에서 나오는 다양한 소리를 채집하여 거대한 기록 보관소를 만들고 있는 아투이가 한 말이다. 예술가는 이 같은 수집품을 통해 최신의 가능성과 기술로써 새로운 소리를 창조해 내고, 이 소리들이 자신의 죽음을 훌쩍 뛰어넘어 확장되기를 바란다. 미래를 염두에 둘 때, 역사적으로 가치 있는 악기는 그 희귀성으로 인해 수집가들의 컬렉션만큼 비싼 경우가 많다고 아투이는 말한다. "음악가는 바이올린 제작자로서가 아니라 악기의 조각가로서 이 프로젝트에 참여합니다. 목재는 소리의 순수함을 기억하고 있지요." 값비싼 악기의 가치는 대개 수십 년 동안 악기를 계속 연주해 온 음악가들과 많은 관련이 있다. "이들의 마음은 그 대상 속에 줄곧 머물러 있지요. 당신이 악기로 소리를 내는 것은 그전에 그 악기를 다루었던 이들과 직접적으로 교류하는 것과 같답니다." 아투이는 악기의 혼을 유지하기 위해 계속해서 소리를 내야 하는, 천년의 전통을 가진 중국의 7현 악기 고금古琴이 이런 점에서 비슷하다고 생각한다. 그는 이 같은 이유로 가지고 있는 고금을 매주 돌아가면서 연주하는, 고금 분야의 거장을 잘 알고 있다.

'멋지고 낭만적인 생각'에 지나지 않을 수도 있지만, 조나단 몰즈Jonathan Moulds는 뛰어난 음악가가 연주할수록

안토니오 스트라디바리가 바이올린을 제작하는 모습을 그린 그림(1921년 작품)

바이올린이 그 소리를 기억해서 더 나은 소리를 낸다고 믿는다. 몰즈는 기업가이자 자선가이며 런던에 있는 미국은행의 전 회장이다. 그는 비올라로 음악 장학금을 받고 케임브리지에서 수학을 공부한 바 있다. 여러 해 동안 몰즈는 스트라디바리Stradivari를 비롯한 오래된 바이올린을 수집하는 세계적인 큰손이었으며, 그 바이올린들을 유망한 젊은 음악가들에게 아낌없이 빌려 주었다. 예를 들어 니콜라 베네데티Nicola Benedetti는 1717년에 제작되어 값이 1천만 유로(약 129억 원) 이상인 스트라디바리 바이올린 '가리엘Gariel'을 연주한다. 몰즈에 따르면, 매년 5∼10 퍼센트의 투자 수익을 올릴 수 있는 역사적인 바이올린의 가격은 악기에 깃든 영혼이 아니라 수요와 공급에서 결정된다. 바이올린은 연주될 때마다 자연적인 마모를 겪으며 땀과 같은 불순물에 의해 손상될 수 있지만, 몰즈는 신경 쓰지 않는다. 오히려 그는 죄스러울 정도로 비싼 그 바이올린의 완벽한 소리가 18세기 악기 제작자들의 변칙적인 제작 방식과 나무의 미생물들, 나무를 감염시켰던 곰팡이균에서 비롯된 것이라고 확신한다.

지금까지 살아남은 500여 개의 스트라디바리 바이올린에 사용된 18세기 전반의 목재는 모두 이탈리아 북부의 작은 고산지대에서 나왔다. 보젠Bozen 지역 남동쪽에 위치한 피엠메Val di Fiemme계곡에는 '소리의 숲'이라는 뜻

의 보스코 체 수오나Bosco che suona가 있다. 오늘날에도 그
곳에서 악기를 만드는 목재를 생산한다. 거기서 남쪽으로
300킬로미터 떨어진 곳에 있는 카라라Carrara 채석장에서
는 과거 미켈란젤로가 조각품을 만들기 위해 구했던 대리
석을 아직까지도 생산하고 있다. 마르첼로 마추치Marcello
Mazuchi는 수십 년 동안 보스코 체 수에노Bosco che sueno를
통치해 왔다. 은퇴한 삼림 감독관인 그는 여전히 바이올
린에 가장 적합한 나무를 고르는 일을 돕고 있다. 하지만
그는 나무에 말을 거는 사람보다는 나무의 소리를 듣는
사람이라는 평판을 선호한다. "나는 나무들을 쳐다보고
만지고 때로는 껴안기도 하지요. 자세히 들여다보면 그것
들이 살아온 이야기나 그들의 기쁨과 슬픔, 그 모든 것을
알 수 있어요. 참으로 겸허한 생명체랍니다." 몰즈와 마찬
가지로 그 역시 비대칭성과 질감의 변화가 완전하고 조화
로운 소리를 내는 데 결정적인 영향을 미칠 수 있음을 안
다. 악기에 적용되는 이 같은 논리는 작곡가에게도 더 넓
은 의미에서 적용될 수 있다. 이미 1528년 카스티글리오
네는 "오래 지속되는 선율이 흠뻑 스며들며, 그 조화로움
이 장식품이 되어 불완전한 화음을 감싸 없앤다"고 썼다.

때로 기돈 크레머도 연주하면서 쇼맨십에 사로잡히
곤 하지만, 그러다가도 완전히 무장 해제되어 눈을 감은
채로 바흐를 연주하기도 한다. "너무나 많은 피상적인 일

들이 진실이라는 깃발 아래에서 일어나지요. 피와 신경이 제거된 음악을 만드는 경우도 흔한 일이고요." 최고의 음악이 수백만 관객에게 닿는 경우는 절대 일어나지 않는다. 이를 위해 그는 자신의 비밀스러운 영적 메시지를 매우 부드러운 목소리로 전한다. 크레머가 바흐를 사랑하는 것도 그 때문이다. "그의 음악은 비밀로 가득 차 있어요." 마치 바흐가 작곡한 샤콘느를 소리 내는 최고의 바이올린들처럼 말이다.

집, 아파트, 동굴
HÄUSER, APARTMENTS, HÖHLEN

(상)네덜란드 헤이그의 헤이그박물관에서 열린 루이즈 부르주아 전시 중 〈밀실 26〉(2003년)

(하)영국 런던의 테이트 모던에서 열린 루이즈 부르주아 전시 중 〈밀실 14〉(2000년)

루이즈 부르주아Louise Bourgeois는 90세가 넘은 나이에도 낯선 방문객을 받아들였다. 예술가 혹은 자신이 예술가라고 생각하는 사람은 응당 그래야 한다고 생각했다. 매주 일요일 오후 맨해튼 웨스트사이드 20번가에 위치한, 낡은 적갈색 사암으로 지은 타운하우스를 방문한 그녀의 손님들은 낡은 마루가 깔린 거실로 안내되어 둥근 테이블에 앉을 수 있다. 사방에서 낡고 정겨운 어수선함이 풍겨온다. 주인인 그녀가 마지막으로 나타나 삐걱거리는 나무의자에 편히 앉는다. 루이즈 부르주아는 20세기의 가장 중요한 예술가 중 한 명으로 여겨진다.

1990년 초반부터 80세의 나이로 루이즈 부르주아는 거대하고 부분적으로 접근 가능한 조각 덩어리인 '밀실Cells' 프로젝트를 시작했다. 그녀는 2010년 사망하기 전까지 60개의 밀실을 만들었다. 때때로 억압적인 밀실이나 동물 우리로 표현되는 이 조각들은 풍부한 시성과 우아한 유머로 가득 차 있으며 상실의 슬픔과 두려움으로 넘친다. 고통과 괴로움, 섹슈얼리티와 죽음을 전기가 통하는 물체와 대상으로 표현하여 인간 개인의 안식처 혹은 보호구역으로 만든 것이다. 루이즈 부르주아의 체구는 너무

왜소하여 의자에 앉아 뻗은 다리가 바닥에 닿지 못하고
허공에서 달랑거리고 있다. 그날은 대여섯 명의 방문객이
찾아왔다. 이탈리아의 한 시인이 이마에 구슬땀을 흘리
며 예술가에게 바친 사랑의 시를 읽고, 시카고 출신의 한
화가가 자화상을 선물한다. "이 여자는 우리 모두를 놀리
고 있군요." 부르주아는 화가의 그림에 대해 평하고, 콜라
를 빨대로 마시며 주위 사람들을 슬쩍 둘러본다. "계속합
시다!" 캘리포니아의 한 예술가가 녹은 플라스틱으로 만
들어진 어두운 녹색 형광 조형물을 부르주아에게 선보이
고 나서야 그녀의 얼굴에 기쁜 표정이 나타나는 듯하다.
부르주아는 뉴욕에서 60년이 넘게 살아도 없어지지 않는
프랑스 억양으로 "아름답군요!" 혹은 "너무 훌륭해요!"
라는 칭송을 내뱉는다. 몇 시간이 지나서야 손님들은 다
행히 예술가의 집을 떠날 수 있었다.

수십 년 혹은 수백 년 동안 시간이 정지되어 있는 듯
한 집과 아파트들, 그 안에는 종종 시간으로부터 벗어난
듯한 사람들이 살고 있다. 루이즈 부르주아의 집으로부
터 자전거로 10분도 채 되지 않은 거리에는 100세가 넘은
나이로 최근에 시를 발표한 화가이자 조각가인 도로시아
태닝이 살고 있다. 막스 에른스트와 30년 동안 결혼 생활
을 했던 이 초현실주의 예술가를 방문하는 사람은, 나무
로 된 엘리베이터와 엘리베이터 보이가 지키고 있는 5번

가의 드넓은 아파트에 도달할 수 있다. 벽에는 3세기부터 내려온 귀한 예술품들이 장식되어 있다. "이제 바로 샴페인을 마시러 갑시다!" 태닝은 손님들에게 인사를 한 다음 자신이 20세기 초에 젊은 여성으로서 동료 예술가들에 의해서 일개 뮤즈의 역할로 축소되었을 때의 경험을 직접 들려주었다.

1998년 다다이즘의 대모로서 105년 동안의 멋진 삶을 마감한 베아트리체 우드도 비슷한 환경에서 성장했다. 1913년 그녀는 파리의 샹젤리제 극장에서 발레 뤼스Ballets Russes의 창립자인 세르게이 디아길레프Sergei Diaghilev를 위해 제작한, 스트라빈스키의 파란만장했던 「봄의 제전」 초연을 관람했다. 제1차 세계 대전의 발발로 인해 캘리포니아 원주민이었던 그녀는 미국의 동쪽 해안으로 이주했다. 프랑시스 피카비아Francis Picabia나 마르셀 뒤샹과 같은 유럽에서 망명 온 뉴욕의 전위 예술가들이 그녀를 어떻게 대했는지 질문하자, 베아트리체 우드는 푸른 눈을 반짝이며 방문객을 향해 환하게 웃었다. "그 양반들은 절대로 말은 에로틱하게 하지 않았지만 행동은 그랬답니다." 1947년에 도자기 예술가였던 우드는 로스앤젤레스 북서쪽에 있는 작은 마을 오하이Ojai로 은퇴했다. 태평양에서 그리 멀지 않은 곳에 위치해 있고 넓은 빛으로 가득 찬 우드의 스튜디오에는 현재 그녀가 세운 재단이 위치해 있다. 이곳에는 시간을 잊은 듯한 수 킬로미터의 계곡이 한 눈에 들어온다. 저녁이 되자 그녀는 수백만 년 전 대륙 이동으로 캘리포니아 해안의 해양 지각층이 북아메리카 판 아래로 밀려들어가 형성된 산을 손가락으로 가리키면서 작별 인사를 했다. "토파토파Topa Topa산맥의 꼭대기는 해가 지면 분홍색으로 빛나기 시작한답니다." 우드가 거의 속삭이듯 말했다. 잠시 후, 산은 그녀의 명령을 듣기라도 한 것처럼 진짜로 색이 바뀌었다.

"자연은 유일한 스승이다Natura sola magistra." 아니타 알부스Anita Albus는 16세기 뮌헨의 궁정 화가였던 앤트워프 출신의 세밀화가 요리스 회프나겔Joris Hoefnagel의 이 말을 즐겨 인용한다. 자연은 유일한 주인이자 진정한 예술가다. 알부스는 자신이 1942년에 태어나고 자란 뮌헨에 여전히 살고 있다. 그녀의 거처는 슈바빙에 위치한, 천장이 아주 높고 커다란 창문과 헤링본 무늬 마루가 놓인 거대한 낡은 아파트 혹은 18세기부터 내려오는 프랑스 부르고뉴의 작은 성이다. 알부스는 몇 주 혹은 몇 달, 때로는 몇 년 동안 미세한 붓으로 작은 양식의 그림 작업에 몰두한다. 그녀가 그리는 것은 식물과 동물, 녹색 빛이 가득한 자연인데 특히 나비가 많고 새를 비롯한 멸종된 동물들도 포함된다. 그림의 몇몇 색깔은 자연에서 채취한 것이며 직접 손으로 문질러서 색깔을 낸다. 납의 흰색과 복

숭아씨 같은 검정색, 구릿빛 녹색. 책을 쓴 작가이기도 한 알부스는 마르셀 프루스트와 같은 작가에게 종종 눈을 돌린다. 그녀는 고대 지식이나 식물학, 생물학의 잃어버린 전통에도 관심이 많다. 화가 자신은 크게 눈에 띄지 않는 섬세한 외양을 지니고 있지만, 가끔 요란하고 쾌활한 웃음으로 방문객을 놀라게 한다. 그 외에는 마치 인쇄된 글자를 읽는 것처럼 조용하고 조심스럽게 말한다. 방문객은 그녀가 자신의 작품을 구경하는 사람들과 자신의 책을 읽는 독자를 위해 조심스레 드러내는, 내면에 숨겨져 있는 보석을 쉴 새 없이 발견하는 기쁨을 누린다.

방문객을 위해 알부스는 자신이 최근에 번역한 텍스트를 읽었다. 1924년 5월 파리 미술관 전시 카탈로그에 대한 폴 발레리의 서문이었다. 이 서문은 마리 모니에Marie Monnier라는 자수 공예가의 수년간의 독창적인 작업에 대해 쓴 글이다. 발레리는 "소중한 것들은 많은 시간을 필요로 하며 많은 휴식을 요구한다"고 썼다. "흠잡을 데 없는 진주, 그윽하게 익은 포도주, 제대로 훈련된 사람들로 인해 점진적인 축적과 근본의 계승이 가능해진다. 그들의 탁월함이 완벽함으로 향하는 데 있어서의 유일한 한계는 시간이다. 옛날 옛적에 사람들은 이러한 인내의 과정을 흉내 내었다. 세밀화와 정교한 상아 조각, 수없이 얇은 반투명 층을 겹쳐 칠해서 만든 옻칠과 그림, 그리고 수없이 많은 시인들이 써내려 간, 일부러 애간장이 닳게 능청을 부리는 소네트의 구절들……. 끈기와 절제를 필요로 하는 모든 노력은 사라지고, 시간이 얼마나 걸리는지가 중요하지 않았던 시대는 끝났다. 오늘날 인간은 축약할 수 없는 일에 더 이상 몰두하지 않는다. 영원이라는 관념이 퇴색하면서 시간이 걸리는 과제에 대한 혐오감도 증가했다. 우리는 시간을 초월하거나 자연을 대상으로 귀중한 가치를 창조하는 작업은 더 이상 하지 않으려 한다. 엄청난 에너지를 사용해서 시간으로부터 벗어나려 애쓰는 우리 시대에 기다림과 끈기는 성가신 존재일 뿐이다."

마리 모니에의 일상적인 도구는 바느질이었는데, 이는 아버지의 작업장에서 직물 직조자로서 일찍부터 바느질을 배웠고 브루클린의 옛 재봉 공장에 자신의 스튜디오를 차렸던 루이즈 부르주아에게도 마찬가지였다. "바느질 바늘의 발명은 선구적이었습니다."라고 알렉산더 클루게Alexander Kluge는 말한다. "뼈로 만든 바늘은 동물 가죽을 단단히 묶을 수 있었지요. 추위가 찾아올 때 옷이 느슨하게 풀리는 것을 방지해 주기도 했습니다. 자유롭게 떠돌아다니면서 이웃 부족과 만나 물물 교환을 하는 행사에서 바느질 실력까지 갖춘 부족 여성은 그 가치가 드높았고 지켜야 할 자산이었답니다. 그런데 우리 머릿속의 바늘은 문장과 세대를 이어 내려온 지식의 보고를 엮는 역할을 하지요. 뇌를 전환시키는 것이지요." 새의 뼈로 조각된 가장 초기의 바늘은 동굴에서 발견되었고, 실제로 호모 사피엔스가 아프리카에서 다른 대륙으로 퍼지기 시작한 선사 시대부터 사용되었다. 활과 화살, 선박, 기름 램프, 그리고 바늘은 최초의 동굴 벽화를 그리기 훨씬 전인 약 4만 5천 년 전에 만들어졌다. 예술가가 되기 전에 인간은 패션 디자이너였던 것이다.

미완성

UNVOLLENDETES

〈미완: 보이는 생각의 흔적들〉에 전시된 티티안의 미완성 작품 〈마르시아스의 처형The Flaying of Marsyas〉

우리는 영원히 미완의 상태에 있다는 사실을 깨달아야 한다. 그렇다고 해서 야망이나 호기심, 헌신적 태도를 버리라는 말은 아니다. 하지만 우리 각자가 궁극적으로는 무력함을 깨닫는 것은 완벽함에 대한 강박이나 어떤 일을 끝내야 한다는 절대적 필요성에서 비롯된 압박을 덜어 준다. 그렇다고 기한을 어기거나 합의된 목표와 약속에서 벗어나도 된다는 뜻은 아니다. 단지 지속적으로 최선을 다하되 우리의 나약함을 받아들이자는 것이다. 너무 깐깐하게 따지지 말고 어떤 것은 그냥 그대로 두자.

레오나르도 다빈치가 『회화론』에서 언급한, 예술에 있어서의 기교의 한 부분인 '미완성Non-finito'에 대해 성찰해 보자. 500년 후 움베르토 에코는 『열린 예술작품』에서 같은 이론을 되풀이해서 말한다. 이제 시청자와 독자 또는 청취자가 작업을 완성할 차례다. 예술은 결코 전지전능한 창조물이 아니며 다른 해석이 허용되어야 한다. 종종 예술은 의도적으로 통합에 대한 우리의 기대를 실망시킴으로써, 독자 혹은 청중이 예술 작업을 완성시키도록 한다. 여기에는 옳고 그름이 없으며 관찰자만큼이나 다양한 해석이 있을 뿐이다. 예술 작품의 창작과 완성에서 관

〈미완: 보이는 생각의 흔적들〉에 전시된 로댕의 미완성 작품 〈신의 손The Hand of God〉

찰자의 몫이 상당하다는 점은 19세기 말부터 예술가와 미술사학자 역시 거듭 강조한 부분이다. 이를 위해 필요한 것은 다만 시간과 휴식 그리고 사색에 대한 욕구다.

미켈란젤로와 티티안, 그리고 로댕. 그들은 모두 미완성의 작품을 남겼다. 2016년 뉴욕 메트로폴리탄 박물관의 큐레이터들은 〈미완: 보이는 생각의 흔적들Unfinished: Thoughts Left Visible〉이라는 전시를 열었다. 이 전시에서는 르네상스 시대부터 현재까지 거의 200여 점의 작품을 선보였는데, 끝까지 완성되지 않은 작품들이 대부분이었다. 그렇다고 미완의 실천가들을 미화하자는 것은 아니다. 다만 이 미완의 작품들은 종종 우리가 마주하는 심각한 위기와 방황, 실패, 어떤 것도 완성하지 못하는 무력함, 자신의 하찮음에 대한 두려움을 보여 주며, 그렇다, 신과 겨루는 것이 애초에 불가능함을 시사한다. 슈베르트가 왜 여덟 번째 교향곡을 미완성 상태로 남겨 두었는지는 아무도 모른다. 생각만큼 근사하게 일을 마칠 수 없다는 고백, 마음을 흩트리는 다른 일들과 취미, 창조에 대한 끊임없는 자기 회의, 자기 안의 괴물, 게으름⋯⋯. 자신과의 싸움이 쉽다고 말한 사람은 아무도 없다. 볼프강 쾨펜Wolfgang Koeppen은 1950년대에 쓴 '실패의 삼부작Trilogie des Scheiterns' 이후 1996년 사망할 때까지 대부분 침묵을 지켰는데, 울리히 라울프Ulrich Raulff는 그런 그를 가리켜 '미루기의 비밀 왕' 혹은 '감추기의 왕자'라고 불렀다.

랠프 엘리슨Ralph Ellison은 1952년부터 1994년 사망할 때까지 쓴, 수천 페이지에 달하는 소설 초고를 유산으로 남겼다. 그럼에도 불구하고 성공을 거둔 그의 첫 번째 소설『보이지 않는 인간』이후로는 더 이상 성공이 뒤따르지 않았다. 찰스 디킨스, 제인 오스틴, 마크 트웨인 또는 데이비드 포스터 월리스, 블라디미르 나보코프 또는 니콜라이 고골. 이들 모두는 죽거나 자신과의 끊임없는 싸움에 시달리느라 미완성의 책들을 남겼다.

일찍이 1915년에 알버트 R. 콘스Albert R. Corns와 아르키발트 스파케Archibald Sparke는 수백 종의 책을 담은 '영어로 출간된 미완성 책의 목록'을 작성하여 완성했다. 목록 안에는 괴테의『파우스트』는 없었다. 괴테는 60년에 걸쳐 마침내 파우스트를 완성했기 때문이다.『파우스트』의 마지막 페이지에는 "노력하는 사람은 누구든지 구원을 얻을 수 있다"고 적혀 있다. 알프레드 히치콕Alfred Hitchcock은 영화감독으로서 영화의 모든 장면을 머릿속에 세세하게 그리게 되면 촬영하는 재미를 잃어버리게 된다고 동료 감독인 프랑수아 트뤼포François Truffaut에게 말했다. 감독 의자에 앉아 배우와 카메라맨, 영화 제작자, 제작자, 메이크업 아티스트, 조명 등을 바라보고 있노라면, 히치콕은 완성된 영화 속에서도 절대 구현할 수 없는 머릿속의 완벽한 그림이 이미 부옇게 퇴색됨을 느낄 수 있었다.

『특성 없는 남자』라는 소설을 미완성으로 남긴 로베르트 무질은 그의 첫 번째 소설『생도 퇴를레스의 혼란』의 서문에서 생각을 말로 표현하려 노력할 때 느끼는 공포에 대한 모리스 마테를링크Maurice Maeterlinck의 글을 인용한 바 있다. "말로 내뱉는 순간, 그것의 가치는 추락한다. 우리는 심연 깊숙한 곳에 들어갔다고 믿고 있지만, 다시 표면으로 나왔을 때 우리의 창백한 손끝에 맺힌 물방울은 더 이상 우리가 빠져나온 바다와 같지 않다. 우리는 놀라운 보석들이 가득 찬 보물 상자를 발견했다고 생각하지만, 한낮의 햇빛 속에 꺼내 놓는 순간 그것들이 가짜 보석과 깨진 유리 조각에 지나지 않음을 깨닫는다. 하지만 여전히 어둠 속에서 보석들은 변함없이 우리에게 빛을 보내고 있다."

19세기의 음울한 미국 작가 너새니얼 호손Nathaniel Hawthorne은 언어가 "영혼과 그 진리 사이에 두껍고 어두운 베일"을 씌워 놓았기 때문에, 글쓰기와 말을 통해 진실하고 심오한 어떤 것을 손에 넣으려는 모든 시도는 실패로 돌아갈 것이라고 말한다. 작가인 윌리엄 개디스William Gaddis에게 있어서, 이런 종류의 노력은 100년이 지난 후에도 항상 패배할 수밖에 없는 전투이지만, 여전히 예술가는 이 전투를 치를 가치가 있다. 그는 우상과 경제적 의

존성, 하찮은 유희로 가득 찬 세계를 오로지 예술가만이 자신의 작업을 통해 벗어날 수 있다고 믿는다. "예술가는 매일같이 창문을 통해 내다보이는, 물질 쓰레기로 가득 찬 이 세상을 뛰어 넘으려 한다. 예술가는 유한성이라는 사슬을 끊으려 하는 자다. 예술은 매일 매일 우리의 유한성을 느끼게 하는 것들로부터 벗어나기 위한 시도다."

'글은 누가 쓰건 남는다'는 말이 있다. 그리고 책은 더 오래 살아남는다. 모든 예술가들은 죽음을 인지하지만 자신의 작품이 죽음 후에도 살아남을 것을 안다. "작품의 목록을 제외하고는 예술가란 과연 무엇인가?" 개디스가 묻는다. "단지 작품에 덤으로 딸려 오는 인간 쓰레기 더미에 지나지 않는다." 오노레 드 발자크Honoré de Balzac는 1831년 중편 『미지의 걸작』에서 가장 훌륭한 미완성 예술 작품을 선보인다. 유명한 화가인 프랑오페르는 10년 동안 그려 온 그림을 이제 처음으로 젊은 동료들에게 보여 주려 한다. 이 전설적인 작품은 파리의 예술 세계에서 오랫동안 화제에 올랐다. 하지만 젊은 여성의 완벽한 초상화라는 이미지는 오로지 예술가의 상상 속에만 존재하며, 보는 이들에게는 그야말로 "색채와 음색, 하염없는 뉘앙스로만 이루어진" 형상이 없는 안개에 지나지 않는다. 프랑오페르는 사람들의 실망에 깊이 상처를 입고 다음 날 밤 정신이 나간 채 자신의 그림들을 다 태우고 죽음을 맞이한다. 그럼에도 불구하고 결국 관능이 이긴다. 절대적인 아름다움을 표현한 그림에 대한 발자크의 묘사가 그림을 구원했다. 프랑오페르의 친구들은 불타오르는 색깔과 선의 소용돌이 속에서 자신들이 본 것 중 가장 저항할 수 없는, 압도적으로 부드럽고 사랑스러운 여성의 발을 확인한 것이다. 결국 프랑오페르의 그림은 소설 속에서 파괴되었음에도 불구하고 지난 2세기 동안 파블로 피카소나 영화 제작자 자크 리베트Jacques Rivette와 같은 예술가에게 영감을 주었고, 지금까지도 시간의 흐름을 거슬러 살아남아 있다.

참고 문헌

독자들에게

- 울리히 도반Ulrich Dobhan&엘리자베스 페터스Elisabeth Peters, 『아빌라의 테레사. 작품과 편지Teresa von Ávila. Werke und Briefe』, 프라이부르크Freiburg, 헤르더Herder, 2015년
- 샤를 보들레르, 『악의 꽃Die Blumen des Bösen, 1857년』, 프랑크푸르트 암 마인Frankfurt am Main, 인셀Insel, 1977년
- 알렉스 륄레Alex Rühle, 「젊음에 대하여 벨지니 데스펀트: 인터뷰Virginie Despentes über Jugend: Das Interview」, 『Süddeutsche Zeitung』에 수록, 2018년 3월 17일과 18일, 56쪽
- 케빈 롤린슨Kevin Rawlinson&앨런 유하스Alan Yuhas, 「너무나 놀라 할 말을 잃다. 밥 딜런이 노벨상에 대해 2주간의 침묵을 깼다」, 『The Guardian』에 수록, 2016년 10월 29일
- 카를로 긴즈부르그, 『법의학. 숨겨진 역사, 예술과 사회적 기억』, 베를린, 바겐바흐Wagenbach, 1983년, 37쪽: 가브리엘 우이테Gabriele Woithe의 『예술적 삶의 작품, 시각예술의 자전적 차원에 대하여』, 베를린, 로고스Logos, 2008년, 66쪽
- 하르트무트 로자, 「더 많은 공명. 가속하는 사회로부터 벗어나라Mehr Losonanz. Auswege aus de Beschleunigungsgesellschaft」, 『SWR2 Aula』에 수록, 2016년 9월 18일, 편집자: 랄프 카스파리Ralf Caspary, 원고

크리스토프 니만, 얀 바그너, 데니스 힐링 박사, 크리스 더콘, 아니타 알부스, 아넬리 보츠, 마르크 게겐푸르트너, 알렉산드라 레스니코프, 마틴 에더, 이사벨라 베들, 마를렌 베엘레펠트, 찰리 스타인, 플로리안 일리스, 사샤 로렌스, 조 렌들, 토바이어스 혜일, 레오 렌케스와 나의 가족들에게 감사한다.

우체부 슈발

- 에드워드 번스Edward Burns, 『거트루드 스타인과 칼 반 벡튼의 편지, 1913~1946년The Letters of Gertrude Stein and Carl Van Vechten, 1913~1946』, 뉴욕, 컬럼비아 대학 출판부, 1986년
- 제라르 드니조Gérard Denizeau, 『슈발의 이상적 궁전, 꿈의 궁전, 무덤, 글쓰

기]Palais Ideal du facteur Cheval, Le palais idéal, le tombeau, les écrits』, 파리Paris, Nouvelles éditions Scala, 2011년

타임캡슐

- 제임스 바론James Barron, 「시간을 되돌릴 시간, 타임캡슐이 손에 있다The Time to Retrieve Time 's Time Capsule is at Hand」, 『The New York Times』에 수록, 2017년 7월 25일
- 사이먼 앰즈Simon Elmes, 「앤디 워홀의 타임캡슐의 비밀The secrets of Andy Warhol's Time Capsules」, 『BBC News Magazine』에 수록, 2014년 9월 10일
- 클라우스 괴르너Klaus Görner, 『앤디 워홀의 타임캡슐 21Andy Warhol's Time Capsules 21』, 쾰른Köln, 뒤몽DuMont, 2003년 [전시 카탈로그, 현대미술박물관, 프랑크푸르트 암 마인]
- 잭 히트Jack Hitt, 「타임캡슐 만드는 법How to Make Time Capsule」, 『The New York Times Magazine』에 수록, 1999년 12월 5일
- 기 드 모파상, 「머리카락Das Har, 1884년」, 『슈납스 안톤 및 기타 단편 소설 Schnaps-Anton und andre Novellen』에 수록, 베를린, 콘투막스Contumax, 2015년
- 에드거 앨런 포, 『까마귀(1845년)』, 프랑크푸르트 암 마인, 인셀, 1982년
- 캐서린 스펜서Catherine Spencer, 「앤디 워홀이 죽은 지 30년이 지난 지금도 놀라운 이유Why Andy Warhol still surprises, 30 years after his Death」, 『Independent』에 수록, 2017년 2월 22일

조셉 퓰리처 월드 빌딩의 타임캡슐Zeitkapsel의 메모와 오디오 녹음은 뉴욕 컬럼비아 대학 도서관의 온라인 기록 보관소에서 찾을 수 있다.

할버슈타트의 존 케이지

- 로만 부츨리Roman Buchli, 「세계에서 가장 느린 장기 콘서트Das langsamste Orgelkonzert der Welt」, 『Neue Zürcher Zeitung』에 수록, 2014년 1월 13일
- 존 다니엘John Darnielle, 「일하는 다른 세력이 있다. 존 케이지가 할버슈타트로 온다There are other forces at work. John Cage come to Halberstadt」, 『Harper's Magazine』에 수록, 2016년 1월
- 틸 크라우제Till Krause, 「세계에서 가장 긴 콘서트. 주목하라, 소리의 변화!Längstes Konzert der Welt. Achtung, Klangwechsel!」, 『Frankfurter Allgemeine

Zeitung』에 수록, 2009년 2월 10일
- 스티븐 로젠버그Steven Rosenberg, 「가장 긴 콘서트에서의 새로운 음New Note at
  Longest Concert」, 『BBC News』에 수록, 2009년 4월 10일
- 울리히 스토크Ulrich Stock, 「신의 노래Das Summen Gottes」, 『Die Zeit』에 수록,
  2011년 7월 28일
- 울리히 스토크, 「소리들이 여기 있다. 우린 아직 여기 있어Die Töne sind da. Wir
  sind noch da」, 『Die Zeit』에 수록, 2017년 1월 5일
- 다니엘 J. 와킨Daniel J. Wakin, 「아주 아주, 아주 참을성 많은 이들을 위한 오르
  간 리사이틀An Organ Recital for the Very, Very Patient」, 『The New York Times』에
  수록, 2006년 5월 5일
- 허버트 조지 웰스, 『타임머신Die Zeitmaschine, 1895년』, 뮌헨München, 도이처
  타셴부흐 출판사Deutscher Taschenbuch Verlag, 1996년
- 칼튼 윌킨슨Carlton Wilkinson, 「밀레니엄 쥬크박스Millennium Jukebox」, 『The
  Brunswick Review』에 수록, 2017년 12월, 1~8쪽

라이너 O. 뉴게바우어와 할버슈타트의 존 케이지 오르간 재단John Cage Orgel
Stiftung은 교류는 물론 따뜻한 지역민들의 환대에 감사하다. 그들의 웹사이트
'케이지, 가능한 한 천천히Cages As Slow As Possible'는 이 주제에 대한 많은 귀중
한 정보를 제공하고 있다.

관심경제

- 에르빈 파노프스키, 『시각예술의 의미Meaning in the Visual Arts』, 뉴욕, 더블데이
  Doubleday, 1955년, 341쪽
- 칼 오로네Carl Honoré, 『슬로우 라이프: 인내심을 가지고 목적지에 도달하
  는 이유Warum wir miss Gelassenheit Schneller und Ziel Kommen』, 뮌헨, 골드만Goldmann,
  2007년
- 자레드 레니어Jared Lanier, 『소셜 미디어 계정을 즉시 삭제해야 하는 10가
  지 이유Zehn Grüde, Warum du deine Social Media Accounts sofort löschen mosst』, 함부르크
  Hamburg, 호프만 운트 캄페Hoffmann und Campe, 2018년
- 앤드류 킨Andrew Keen, 『미래를 해결하는 방법: 런던 디지털 시대의 인간
  성 지키기How to Fix the Future: Staying Human in the Digital Age』, 런던, 애틀랜틱북스
  Atlantic Books, 2018년

식탁에 오르는 것들

- 사라 B. 맥클루어Sarah B. McClure 외, 「지방산 δ13C 값은 7,200년 전 지중해 치즈의 초기 생산량을 보여 준다Fatty acid specific δ13C values reveal earliest Mediterranean cheese production 7,200 years ago」, 『Plos One 13/9』에 수록, 샌프란시스코San Francisco, 공립 과학 도서관Public Library of Science, 2018년
- 다니엘 퍼그먼트Danielle Pergament, 「성스러운 이탈리아 치즈의 출처Going to the Source for a Sacred Italian Cheese」, 『The New York Times』에 수록, 2018년 1월 3일
- 마르코 폴로, 『동방견문록Die Wunder der Welt, 1298/99』, 취리히Zurich, 마네세Manesse, 1997년
- 케이시 콰켄부시Casey Quackenbush, 「고고학자들이 고대 이집트 무덤 안에서 세계에서 가장 오래된 치즈를 발견했다Archeologists have discovered the World's oldest Cheese inside an ancient Egyptian Tomb」, 『TIME』에 수록, 2018년 8월 20일
- 크리스토프 테우너Christoph Theuner, 「가난한 사람들의 풍요로운 음식Die reich Kost der Armen Leute」, 『Frankfurter Allgemeine Zeitung』에 수록, 2018년 8월 16일, 12쪽

런던 만다린 오리엔탈 하이드 공원에 있는 '헤스턴 블루먼솔의 디너Dinner by Heston Blumenthal'에서의 저녁 식사는 동생 카스텐 기르스트 덕분이다.

천 년의 난제

- 홀저 담벡Holger Dambeck, 「세기의 증명서. 은둔자가 수학 메달을 퇴짜 놓다Jahrhundert-Beweis. Einsiedler verschmäht Mathe-Medaille」, 『Spiegel Online』에 수록, 2006년 8월 22일
- 피터 갤리슨Peter Galison, 『아인슈타인의 시계, 푸앵카레의 카드. 시간의 순서에 관한 작업Einsteins Uhren, Poincarés Karten. Die Arbeit a der Ordnung der Zeit』, 프랑크푸르트 암 마인, 피셔Fischer, 2002년
- 루크 하딩Luke Harding, 「그리고리 페렐만, 1백만 달러를 거부한 수학 천재Grigori Perelman, The Maths Genius Who Said No To $1m」, 『The Guardian』에 수록, 2010년 3월 23일
- 실비아 나사르Sylvia Nasar&데이비드 그루버David Gruber, 「수학 연보. 전설적인 문제와 누가 그것을 해결했는가에 대한 싸움Annals of Mathematics: Manifold Destiny. A legendary problem and the battle over who solved it」, 『The New Yorker』에 수

록, 2006년 8월 28일

알렌대학의 크리스천 바이어 교수님의 중요한 발언에 감사하다.

만료일

- 바텔 연구소Battelle Institute, 「지질 고준위 폐기물 저장고에 영향을 미칠 수 있는 미래 인간 활동의 가능성을 감소시키기Reducing the likehood of future human activities that could affect goelogic high-level waste repositories」, 오하이오주 콜럼버스Columbus, 핵폐기물 격리 사무소Office of Nuclear Waste Isolation, 1984년
- 피터 갤리슨&롭 모스Robb Moss, 〈감금Containment〉[다큐멘터리], Redacted Pictures, 2015년
- 로베르트 가스트Robert Gast, 「원자 반동학. 반감기가 없는 경고 표지Atom-Semiotik. Ein Warnschild ohne Halbwertszeit」, 『Spektrum Online』에 수록, 2012년 8월 21일
- 다니엘 켈만, 「프랭크 쉬르마허 상 수상 연설Dankesrede anläslich der Verleihung des Frank-Schirrmacher-Premises」, 『Frankfurter Allgemeine Zeitung』에 수록, 2018년 9월 4일, 11쪽
- 레이첼 서스먼Rachel Sussman, 『세계에서 가장 오래된 생물체The Oldest Living Things in the World』, 시카고 대학 출판부, 2014년
- 안나 와이첼브라운Anna Weichselbraun, 「감금」(피터 갤리슨&롭 모스 감독), 『Environmental History 23/2』에 수록, 2018년 4월 1일, 393~396쪽

의학박사이자 교수인 마이클 존 고먼과 그의 중요한 조언에 감사하다. 친교를 허락한 하버드대학의 피터 갤리슨 교수에게도 감사하다. 스발바르 국제 종자 저장고의 빛의 설치에 대한 정보를 제공해 준 디베케 산네에게도 감사한 마음을 전한다.

할 일과 길 잃기

- 샤를 보들레르, 「현대 생활의 화가Der Maler des Modernen Lebens, 1863년」, 『E.T.A. 호프만 연보E.T.A. Hoffmann Jahrbuch』에 수록, 베를린, 에리히 슈미트Erich Schmidt, 2005년, 109쪽
- 발터 벤야민이 인용된 책: 톰 호지킨슨Tom Hodgkinson, 『나태함으로 가는

길잡이Anleitung zum Müßiggang』, 베를린, 로그너&베른하르트Rogner&Bernhard, 2004년

- 귀스타브 플로베르, 『통상 관념 사전Wörterbuch der Geminplätze』[1911년 사후], 프랑크푸르트 암 마인, 인젤, 1991년, 104쪽
- 울리히 그로버, 「감속을 위한 배고픔Hunger nach Entschleunigung」[인터뷰], 『Wandermagazin』135에 수록, 2007년 6월과 7월
- 프리드리히 헤벨, 『Leipziger Illustrierte Zeitung』에 수록, 1858년 9월 4일: Urban Roedl에서 인용한 「자체 증언과 화보문서 속 아달베르트 슈티프터 Adalbert Stifter in Selbstzeugnissen und Bilddokumenten」, 함부르크, 로볼트Rowohlt, 1965년, 150쪽
- 장 자크 루소, 『사회 계약론Vom Gesellschaftsvertrag, 1762년』, 슈투트가르트 Stuttgart, 레클람Reclam, 1986년
- 리처드 세넷, 『무질서의 사용, 개인적 정체성 그리고 도시의 삶The Uses of Disorder. Personal Identity And City Life, 1970년』, 뉴헤이븐New Haven, 예일대 출판사, 2008년
- 아달베르트 슈티프터, 『늦여름Der Nachsommer, 1857년』, 프랑크푸르트 암 마인, 인젤, 1982년, 495쪽
- 비르기트 베르위베Birgit Verwiebe&가브리엘 만투아Gabriel Mantua, 『방랑벽: 카스파르 다비트 프리드리히부터 오귀스트 르누아르까지Wanderlust. Von Caspar David Friedrich bis Auguste Renoir』, 뮌헨, 히르머Hirmer, 2018년[전시 카탈로그, 베를린 신국립갤러리]

이 장에서 괴테에 대한 중요한 정보들을 제공해 준 더크 이펜에 감사를 표한다.

참을성

- 미하엘 엔데, 『모모Momo, 1973년』, 슈투트가르트, 티네만Thienemann, 2013년
- 미하엘 루에츠, 『코스모스. 조화의 요소Cosmos. Elements in Harmony』, 괴팅겐 Götingen, 슈타이들Steidl, 1997년
- 미하엘 루에츠, 『가시적 시간, 베일 벗은 시간Sichtbare Zeit. Time Unveiled』, 괴팅겐, 슈타이들, 1997년
- 미하엘 루에츠, 『적시에 눈을 돌리다Eye on Time』, 괴팅겐, 슈타이들, 2007년
- 미하엘 루에츠, 『절대 경관Die absolute Landschaft』, 바덴스빌Wadenswill[스위스],

님버스Nimbus, 2018년

- 쿠르트 레코프트Kurt Rehkopf, 『안에서 바깥으로: 알프레드 스티글리츠 이야기, 루이스 멈퍼드, 그리고 현대 생체론From Within Out: The Story of Alfred Stieglitz, Lewis Mumford, and Modern Organicism』, 함부르크, Univ., Diss., 2004년
- 월트 휘트먼Walt Whitman, 『풀잎Grasblätter, 1855년』, 뮌헨, 한자Hanser, 2009년

이 시점에서 쿠르트 레코프트와 부인 클라우디아 글렌윈켈 씨에게 감사하다.

죽음이라는 해결 과제

- 앨리슨 애리프Alison Arieff, 「인생은 짧다, 그게 문제다Life is Short, That's the Point」, 『The New York Times』에 수록, 2018년 8월 18일
- 알렉산더 암브루스터Alexander Armbruster&요아힘 뮬러-정Joachim Muller-Jung, 「우리는 곧 불멸의 몸이 될 것인가? 실리콘 밸리는 어떻게 죽음을 극복하기를 원하는가?Sind wir bald unsterblich? Wie das Silicon Valley den Tod überwinden will」, 『Frankfurter Allgemeine Woche』에 수록, 2018년 6월 1일, 14~21쪽
- 에스터 블룸Ester Bloom, 「구글의 공동 설립자들과 여러 실리콘 밸리 억만장자들은 영원히 살고자 한다Google's co-founders and other Silicon Valley billionaires are trying to live forever」, 『CNBC Money』에 수록, 2017년 3월 21일
- 마크 오코넬Mark O'Connell, 『기계 되기: 사이보그와 유토피아인, 해커와 미래주의자들이 죽음이라는 평범한 문제를 해결하는 모험To be a Machine: Adventures Among Cyborgs, Utopians, Hackers and Futurists Solving the Modest Problem of Death』, 뉴욕, 더블데이, 2017년
- 만프레트 드보르샤크Manfred Dworschak, 「얼음 위의 정신Geist auf Eis」, 『Der Spiegel』 15에 수록, 2018년 4월 7일, 103쪽
- 바바라 에렌레이히Barbara Ehrenreich, 『자연적 원인: 웰빙이라는 전염병, 죽음의 확실성, 장수를 위해 스스로를 죽이기Natural Causes: An Epidemic of Wellness, the Certainty of Dying, and Killing Ourself to Longer』, 뉴욕, Twelve, 하케테Hachette, 2018년
- W. 해리 포터나W. Harry Fortuna, 「죽음을 방해하기: 영원한 삶에 대한 탐구, 실리콘 밸리는 죽음을 해결하고 있다Disrupting Dying: Seeking Eternal Life, Silicon Valley is Solving for Death」, 『Quartz』에 수록, 2017년 11월 8일
- 태드 프렌드Tad Friend, 「영원한 삶을 위한 실리콘 밸리의 원정Silicon Valley's Quest to Live Forever」, 『The New Yorker』에 수록, 2017년 4월 3일

- 마크 햄퍼Mark Halper, 「슈퍼컴퓨팅의 슈퍼 에너지 요구, 그리고 그것으로 무엇을 할 것인가Supercomputing's Super Energy Need, and what to do about them」, 『컴퓨터 기계 협회 커뮤니케이션Communications of the Association for Computing Machinery』에 수록, 2015년 9월 24일
- 파간 케네디Pagan Kennedy, 「어떤 마법의 약도 당신이 100세까지 살기를 원하지 않는다No Magic Pill Wants you to 100」, 『The New York Times』에 수록, 2018년 3월 14일, 9쪽
- 빌헬름 슈미트Wilhelm Schmid, 「영생. 당신은 영원히 살고 싶은가?Unsterblichkeit. Wollt ihr ewig Leben?」, 『Die Zeit』에 수록, 2017년 11월 8일
- 토마스 슐츠Thomas Schulz, 『미래 의학. 실리콘 밸리는 어떻게 질병을 물리치고 우리의 삶을 확장시키길 원하는가Zukunftsmedizin. Wie das Silicon Valley Krankheiten besiegen und unser Leben verlängern will』, 뮌헨, 도이체 베를락산스탈트 Deutsche Verlagsanstalt, 2018년
- 보토 스트라우스, 『너 포트슈퓌러Der Fortführer』, 함부르크, 로볼트, 2018년
- 유발 노아 하라리Yuval Noah Harari, 『호모 데우스. 내일의 역사Homo Deus. Eine Geschichte von Morgen』, 뮌헨, 체하베크C.H. Beck, 2018년

만남

- 마리나 아브라모비치&울라이, 『연인The Lovers』, 암스테르담Amsterdam, 1989년[전시 카탈로그, 암스테르담 시립박물관], 27쪽
- 마크 프레켄Marc Frencken, 「연인이었던 아브라모비치와 울라이는 만리장성의 반대편에서부터 걸어와 중간에 만나 헤어졌다Lovers Abramović and Ulay walk the length of the Great Wall of China from opposite ends, meet in the middle, and break up」, 『kickasstrips』에 수록, 2015년 1월 14일
- 조나단 존스Jonathan Jones, 「마크 로스코: 분노에 불을 지르다Mark Rothko: Feeding Fury」, 『The Guardian』에 수록, 2002년 12월 7일
- 아르네 리브Arne Lieb, 「뒤셀도르프의 특이한 펀드: 예술가의 숫자가 잘못 계산되었다Kurioser Fund in Düsseldorf: Der Zahlenkünstler hat sich verzählt」, 『Rheinische post Online』에 수록, 2018년 4월 29일
- 타마라 마르살코프스키Tamara Marszalkowski, 「백만 년-과거와 미래One Million Years-Past and Future」, 『Kunsthalle Schirn Magazin』에 수록, 2015년 10월 27일
- 크리스토퍼 로스코Christopher Rothko, 「마크 로스코. 인사이드 아웃Mark Rothko. From the Inside Out』, 뉴헤이븐, 예일 대학교 출판부, 2015년, 155쪽

뮌헨 피나코테켄Pinakotheken의 총책임자인 베른하르트 마즈 박사가 제공해 준 실마리가 나에게 큰 도움이 되었다. 이메일 교환에 대해서도 조셉 코서스에게 감사한다.

주어진 것

- 마르셀 뒤샹,「예술가는 대학에 가야 하나?Soll der Künstler a die Universität Gehen?, 1960년」: 세르게 스타우퍼Serge Stauffer, 『마르셀 뒤샹, 글쓰기Marcel Duchamp, Die Schriften』 1, 취리히, 레겐보겐Regenbogen, 1981년, 240~241쪽에 수록
- 마르셀 뒤샹「여기서 어디로 갈까?Where do we go from here, 1961년」: 세르게 스타우퍼, 『마르셀 뒤샹, 글쓰기』 1, 취리히, 레겐보겐, 1981년, 241~242쪽에 수록
- 토마스 기르스트, 『뒤샹 딕셔너리The Duchamp Dictionary』, 런던, 템스앤허드슨 Thames and Hudson, 2014년, 69~71쪽(에탕 도네), 118쪽(마리아 마틴스), 151 쪽[퀵 아트Quick Art], 177쪽(시간)
- 줄리앙 레비, 『아트 갤러리의 추억Memoirs of an Art Gallery』, 뉴욕, 퍼트넘Putnam, 1977년, 20쪽

필라델피아 미술관의 수석 큐레이터 카를로스 바살도 덕분에 뒤샹의 전시실에서 많은 시간을 보낼 수 있었음을 감사드린다.

스프레자투라

- 발다사레 카스티글리오네, 『더 호프만. 르네상스 시대의 라이프스타일 Der Hofmann. Lebensart in der Renaissance, 1528년』, 베를린, 바겐바흐, 2004년, 35~36쪽
- 키케로Cicero, 『연설가에 대해De oratore, 55 BC』, 라이프치히Leipzig, 레클람, 1986년
- 이반 곤차로프Ivan Goncharov, 『오블로모프Oblomow, 1859년』, 프랑크푸르트 암 마인, 인셀, 2009년
- 유발 노아 하라리, 『사피엔스: 유인원에서 사이보그까지Eine Kurze Geschichte der Menschheit』, 뮌헨, 판테온Pantheon, 2013년, 69~70쪽
- 밀란 쿤데라, 『느림Die Langsamkeit, 1995년』, 프랑크푸르트 암 마인, 피셔, 2014년

- 폴 라파르그, 『게으를 권리Das Recht auf Faulheit』, 베를린, Mattes&Seitz, 2013년, 8쪽, 14쪽
- 토마스 만, 『마의 산Der Zauberberg, 1924년』, 프랑크푸르트 암 마인, 피셔, 1991년
- 허먼 멜빌Herman Melville, 『필경사 바틀비Bartleby, the Scrivener, 1853년』, 프랑크푸르트 암 마인, 인셀, 2008년
- 프리드리히 니체, 『15권으로 된 비판적 연구판Kritische Studienausgabe in 15 Bänden』[Vol. 3], 베를린, Walter de Gruyter, 1988년, 17쪽
- 스텐 나돌니, 『느림의 발견Die Entdeckung der Langsamkeit, 1983년』, 뮌헨, 파이퍼Piper, 2012년
- 소스타인 베블렌, 『좋은 사람 이론Die Theori der feinen Leute, 1899년』, 뮌헨, 도이처 타셴부흐 출판사, 1971년
- 오스카 와일드, 『도리안 그레이의 초상Das Bildnis des Dorian Gray, 1890년』, 취리히, 디오세네스Diogenes, 1996년

지구라는 우주선

- 콜린 바라스Colin Barras, 「지구상에서 얼마나 오래 살아남기를 원하는가How Long Wants Life to Survive on Planet」, 『BBC Earth』에 수록, 2015년 3월 23일
- 조스 퐁Joss Fong, 「나사가 외계인에게 우리의 세계를 설명하기 위해 찍은 116개의 사진The 116 Photos NASA Taken to Explain Our World to Aliens」, 『Vox』에 수록, 2015년 11월 11일
- 버크민스터 풀러Buckminster Fuller, 『우주선 지구호 사용설명서Bedienungsanleitung für das Raumschiff Erde, 1968년』, 함부르크, 펀두스Fundus, 2010년
- 레트 허먼Rhett Herman, 「지구가 얼마나 빨리 움직이는가?How fast is the Earth moving?」, 『Scientific American』에 수록, 1998년 10월 26일
- 엘리자베스 하웰Elizabeth Howell, 「보이저 1: 지구상에서 가장 멀리 간 우주 비행체Voyager 1: Earth's Farthest Spacecraft」, 『Space』에 수록, 2018년 2월 28일
- 마셜 매클루언: 사비네 횔러Sabine Höhler, 『1960~1990년 환경시대의 우주선 지구Spaceship Earth in the Environmental Age 1960~1990』, 뉴욕, 루틀렛Routledge, 2016년에서 인용
- 수전 손택: 바바라 칭Barbara Ching&제니퍼 바그너Jennifer A. Wagner-Lawlor, 『수전 손택의 스캔들The Scandal of Susan Sontag』, 뉴욕, 컬럼비아 대학 출판부, 2009년, 195쪽에서 인용

독자 여러분은 이 장에 대한 많은 단서를 미국항공우주국 웹사이트에서 찾을 수 있다. 보이저 프로젝트에 대한 자세한 정보는 캘리포니아 공과대학의 NASA 제트 추진 연구소 웹사이트에서 확인할 수 있다.

블랙 스완

- 앤절라 더크워스, 『그릿: 열정과 인의 힘Grit – Die neue Formel zum Erfolg: Mit Begeisterung und Ausdauer ans Ziel』, 뮌헨, C. 베텔스만C. Bertelsmann, 2017년
- 대니얼 카너먼, 『생각에 관한 생각Schnelles Denken, langsames Denken』, 뮌헨, 지들러Siedler, 2012년
- 니콜라스 칼슨Nicholas Karlson, 「머리사 메이어의 말에 따른 구글 20퍼센트에 관한 더럽고 작은 비밀The Dirty Little Secret About Google's 20% Time, According to Marissa Mayer」, 『Business Insider』에 수록, 2015년 1월 13일
- 오도 마르콰트Odo Marquardt, 『미래에는 기원이 필요하다. 철학적 에세이 Zukunft braucht Herkunft. Philosophische Essays』, 슈투트가르트, 레클람, 2003년
- 마이클 E. 포터Michael E. Porter&니틴 노리아Nitin Nohria, 「매니저가 일정을 계획하는 방법Wie Manager ihren Tag planen」, 『Harvard Business Manager』에 수록 [탑 매거진 '시간 관리'], 2018년 9월, 18~31쪽
- 페터 슈바이츠Peter Schwartz, 『불확실한 세상에서의 미래를 위한 계획The Art of the Long View: Planning for the Future at Uncertain World』, 뉴욕, 크라운 비즈니스Crown Business, 1996년

영원

- 단테 알리기에리, 『신곡Göttliche Komödie, 1321년』, 슈투트가르트, 레클람, 1986년
- 표도르 도스토옙스키, 『죄와 벌Verbrechen und Strafe, 1866년』, 프랑크푸르트 암 마인, 피셔, 1996년, 424쪽
- 요한 볼프강 폰 괴테Johann Wolfgang von Goethe, 『파우스트Faust』, 뮌헨, 체하베크, 1987년
- 헨리 제임스, 「소설의 기술The Art of Fiction, 1884년」, 『노턴 미국문학 앤솔로지The Norton Anthology of American Literature』[Vol. 2]에 수록, 뉴욕, 노턴Norton, 1989년, 461쪽
- 헨리 제임스, 『소설의 기술. 비판적 서문The Art of the Novel. Critical Prefaces, 1909

년』, 시카고 대학 출판부, 2011년

- 제임스 조이스, 『젊은 예술가의 초상A Porträt de Künstlers als Junger Mann, 1916년』, 프랑크푸르트 암 마인, 주어캄프Suhrkamp, 1988년
- 윌리엄 셰익스피어William Shakespeare, 「햄릿Hamlet, 1603년」, 『윌리엄 셰익스피어. 모두 4권으로 된 작품들William Shakesepeare. All works in four volumes』에 수록, 베를린, Aufbau, 1974년, 302쪽
- 윌리엄 셰익스피어, 『맥베스Macbeth, 1606년』는 다음과 같이 인용했다. 이소 카마틴Iso Camartin, 「상류 스타일과 죽음의 게임Der hohe Stil und das makabre Spiel」, 99~108쪽: 미카엘 아스만Michael Asmann, 『연보 1996. 독일어 언어와 시 학술원Jahrbuch 1996. Deutsche Akademie für Sprache und Dichtung』, 괴팅겐Göttingen, 월슈타인Wallstein, 1997년, 103쪽에 수록
- 윌리엄 셰익스피어, 『소네트Sonette, 1609년』, 빈Wien, 베그바이저Wegweiser, 1924년[Sonnet XVIII]
- 윌리엄 셰익스피어, 『사랑의 헛수고Verlorene Liebesmüh, 1597년』, 뮌헨, 도이처 타션부흐 출판시, 2000년
- 앤 새커리, 『엘리자베스의 이야기The Story of Elizabeth』, 린던, Smith, Elder&Co., 1863년

피치 드롭

자세한 전화 인터뷰에 응해 주신 호주 퀸즐랜드대학 공학 양자물리학센터의 셰인 버긴 과학교육학과 교수와 앤드류 화이트 물리학과 교수에게 감사드린다. 두 대학의 웹사이트에는 피치 드롭 실험을 위한 많은 정보가 있다. 유머러스한 미술 전시회(M. E. 슐라이히M.E. Schleich, 『Pimplhuber를 포함한 산업 전시회의 알파벳순으로 된 여행 가이드』, 뮌헨, 1854년)에 대한 것은 그 주제에 대해 수많은 역사적 카탈로그 등을 쓴 작가 플로리안 데링Florian Dering 전 뮌헨 시립박물관 부소장 등의 공헌 덕분이다. 1911년 뮌헨 옥토버페스트에 농민 박물관이 처음 세워졌는데 뮌헨의 칼 발렌틴 기록 보관소Karl Valentin Archiv의 사비네 린버거와 안드레아스 콜에 감사드린다.

지속 가능성

- 르네 데카르트, 『방법 서설Entwurf einer Methode: Mit der Dioptrik, den Meteoren und der Geometri, 1637년』, 함부르크, 펠릭스 마이너Felix Meiner[철학 도서관 643권], 2013년, 58쪽

- 르네 고시니&알베르 우데르조Albert Uderzo, 『브리튼섬의 아스테릭스와 오벨릭스Asterix und Obelix bei en Briten, 1966년』, 베를린, 에하파Ehapa, 1971년
- 제인 제이콥스Jane Jacobs, 『미국 대도시의 죽음과 삶. 현재 계획의 실패The Death and Life of Great American Cities. Failure of Current Planning, 1961년』, 뉴욕, 빈티지 북스Vintage Books, 1992년
- 질케 랑겐베르그, 『수리: 생각 및 창조에 대한 동기부여Reparatur: Anstiftung zum Denken und Machen』, 베를린, 하트예 칸츠Hatje Cantz, 2018년
- 루이스 뭄포드, 「무엇이 도시인가What is a City」, 『건축 기록 LXXXII(1937년 11월)』, 58~62쪽
- 톰 윌리암슨Tom Williamson, 『공손한 경관: 정원과 사회, 18세기 영국Polite Landscapes: Gardens and Society, Eigthteenth Century England』, 볼티모어Baltimore, 존 홉킨스 대학 출판사, 1995년

질케 랑겐베르그 교수에게 특별한 감사드리고 그로 인한 인연인 이브 에브너, 마르코 베그너, 의학 박사인 악셀 클라우스마이어와 의학박사 레오 슈미트에게도 감사드린다. 또한 홀거 리브스와 올라프 니콜라이도 나의 감사를 받을 자격이 있다.

천 년이 하루

- 샤를 보들레르, 『악의 꽃』, 프랑크푸르트 암 마인, 인셀, 1977년
- 아르노 보르스트Arno Borst, 『컴푸투스. 유럽 역사에서 시간과 숫자Computus. Zeit und Zahl in der Geschichte Europas』, 베를린, 바겐바흐, 1990년
- 하르트무트 로자, 『가속, 현대에서 시간 구조의 변화Beschleunigung. Die Veränderung der Zeiturkern in der Moderne』, 프랑크푸르트 암 마인, 주어캄프, 2005년
- 프리드리히 니체, 『즐거운 학문Die fröhliche Wissenschaft』, 세 권의 작품Werke in drei Bänden[Vol. 2], 뮌헨, 한자, 1954년, 190~191쪽
- 보토 슈트라우스, 『젊은 남자Der junge Mann』, 뮌헨, 한자, 1984년
- 칼튼 윌킨슨, 「밀레니엄 쥬크박스」, 『The Brunswick Review』 12에 수록, 2017년, 1~8쪽
- 우베 비츠스톡Uwe Wittstock, 「왜 아직도 철학자가 필요할까요, 프레히트 씨?Wozu braucen wir noch Philosophen, Herr Precht?」, 『Focus Magazin』 51에 수록, 2017년

이 주제에 대한 많은 정보는 샌프란시스코에 있는 롱 나우 재단의 웹사이트에서 찾을 수 있다. 활동가이자 늙은 히피인 스튜어트 브랜드, 경영 이사이자 롱 나우 시계 프로젝트 매니저인 알렉산더 로즈에게 큰 감사를 표한다.

벚꽃

- 아오노 야스유키Yasuyuki Aono&가즈이 게이코Keiko Kazui, 「일본 교토의 벚나무 꽃이 피는 현상과 9세기 이후 봄철 기온의 재구성에 관한 연구Phenological Data Series of Cherry Tree Flowering in Kyoto, Japan, and its Application to reconstruction of springtime temperatures since the 9th century」, 『기후학 국제 학술지 28/7(2008년 6월)』에 수록, 905~914쪽

- 헬레나 아틀리Helena Atttlee, 『일본의 정원The Gardens of Japan』, 런던, 프란세스 린콜른Frances Lincoln, 2010년

- 바실 홀 체임벌린Basil Hall Chamberlain, 『일본 문화의 ABCABC der japaniscen Kultur, 1891년』, 취리히, 마네세, 1991년

- 뮤리엘 흘라디크Murielle Hladik, 악셀 소와Axel Sowa, 에바 크라우스Eva Kraus, 『예술로 지은 찻집. 일본 미학에 대한 연구Von der Kunst, ein Teehaus zu bauen. Exkursionen in die japanische Ästhetik』, 예술디자인 박물관Staatlices Muse für Kunst und Design, 뉘른베르크, 2017년[전시 카탈로그, Neues Museum Nürnberg]

- 타니자키 준이치로, 『그림자 찬가Lob des Shattens, 1933년』, 취리히, 마네세, 2010년, 25f쪽

- 레너드 코렌Leonard Koren, 『와비사비 어디서부터? 어디로? 예술가, 건축가, 디자이너를 위한 더 많은 생각들Wabi-Sabi. Woher? Wohin? Weiterführende Gedanken für Künstler, Architekten und Designer』, 튀빙겐Tübingen, 바스무트Wasmuth, 2015년

- 모셔Moshe 주지사, 『교토. 부수적인 안내서Kyoto. A Contemplative Guide』, 도쿄, 터틀Tuttle, 1964년, 269쪽

- 무라사키 시키부, 『겐지 이야기The Tale of the Genji, 11세기』, 뉴욕, 크노프Knopf, 1978년, 24쪽

- 요헨 비데Jochen Wiede, 『극동의 정원 문화Fernöstliche Gartenkultur』, 슈투트가르트, 막시Maxi, 2018년

나에게 명상에 대해 알려준 뮤리엘 흘라디크 박사와 에바 크라우스 박사 그리고 카르스텐 슈미트에게 큰 감사를 전한다. 도리스 되리는 뮌헨 문학의 집Münchner Literaturhaus에서 저녁 식사를 하는 동안 수많은 이야기로 이 장을 풍부

하게 만들어 주었다. 짧은 동영상 〈앤디 워홀에게 팝아트는 무엇인가?〉를 샌 프란시스코 미술관 홈페이지에서 볼 수 있다.

서두름의 시대

- 셀레스테 알바레, 『나의 프루스트 씨Monsieur Proust』, 뮌헨, 킨들러Kindler, 1974년, 10쪽
- 알랭 드 보통, 『프루스트가 우리의 삶을 바꾸는 방법들Wie Proust Ihr Leben verändern Kann. Eine Anleitung, 1997년』, 프랑크푸르트 암 마인, 피셔, 2000년, 42쪽
- 디터 호프만Dieter Hoffmann, 『아인슈타인의 베를린. 천재의 발자취에서 Einsteins Berlin. Auf den Spuren eines Genies, 2006년』, 바인하임Weinheim, 빌레이Wiley-VCH, 2006년
- 마르셀 프루스트, 『잃어버린 시간을 찾아서Auf der Such der verloren Zeit, 1913~1927년, 사후』 10권, 프랑크푸르트 암 마인, 1979년, 63~67쪽, 2329쪽, 3966쪽
- 마르셀 프루스트, 『심장 박동Das Flimmern des Herzens』, 베를린, 다른 총서Die Andere Bibliothek, 2017년, VII쪽[서문, 스테판 츠웨이펠Stefan Zweifel의 번역]
- 요헨 슈미트, 『슈미트가 프루스트를 읽다Schmidt liest Proust』, 드레스덴Dresden, 폴란트 운트 퀴이스트Voland&Quist, 10쪽

프루스트 연구자이자 열광적인 팬인 루지우스 켈러와 베른트-주르겐 피셔의 수많은 자료와 조언에 감사드린다.

눈 위의 흔적

- 발터 벤야민, 「로베르트 발저Robert Walser, 1929년」, 『조명. 선별된 글 1Ausgewählte Schriften 1』에 수록, 프랑크푸르트 암 마인, 주어캄프, 1977년
- 아이리스 블룸Iris Blum, 「로베르트 발저, 헤리자우에서의 날들 1933~1956년, Robert Walser, Herisauer Jahre 1933~1956」, 『Schweizerische Ärztezeitung』에 수록, 689~691쪽
- 베른하르트 에히테Bernhard Echte, 「로베르트 발저. 삶과 일의 연대기Robert Walser, Chronik von Leben und Werk, 『문화 저널 Du. Du. Die Zeitschrift der Kultur』 730에 수록(2002년 10월), 80~85쪽

- 루카스 마르코 기시Lucas Marco Gisi, 『로베르트 발저 핸드북 삶과 일의 결과 Robert Walser Handbuch Leben-Werk-Wirkung』, 슈투트가르트, J.B. 메츨러J.B. Metzler, 2018년

- 프리드리히 니체, 『서신, 비판완료판 III 7/1Briefwechel, Kimitche Gesamtausgabe III 7/1』, 베를린, 발터 데 그루이터Walter de Gruyter, 2003년, 998쪽

- W.G. 제발트, 「고독한 산책가. 로베르트 발저를 기억하며Le promeneur solitaire. Zur Erinnerung an Robert Walser」, 『Logis in einem Landhaus』에 수록, 뮌헨, 1998 년, 127~168쪽, 156쪽

- 칼 젤리그, 『로베르트 발저와의 산책Wanderungen mit Robert Walser, 1957년』, 프랑크푸르트 암 마인, 주어캄프, 1996년, 49쪽, 51쪽, 166쪽

- 로베르트 발저, 「산책Der Spaziergang, 1917년」, 『로베르트 발저 완성본 III』에 수록, 프랑크푸르트 암 마인, 주어캄프, 1978년, 209~277쪽

- 로베르트 발저, 『도둑Der Räber, 1925년』, 프랑크푸르트 암 마인, 주어캄프, 2003년, 173쪽

- 로베르트 발저, 「아이Das Kind」, 『꿈, 비엘 시대의 산문Träumen. Prosa aus der Bieler Zeit, 1913~1920년』에 수록, 프랑크푸르트 암 마인, 주이캄프, 1985년

- 페터 비취Peter Witschi, 『로베르트 발저, 헤리자우의 날들Robert Walser, Herisauere Jahre, 1933~1956년』, 헤리자우, 아펜첼러 헤프테Appenzeller Hefte, 2001년[전시 카탈로그]

- 엘케 지겔Elke Siegel, 『연필 나라에서 온 임무. 로베르트 발저의 시Aufträge aus dem Bleistiftgebiet. Zur Dichtung Robert Walsers』, 뷔르츠부르크Würzburg, 쾨니히샤우-젠운트 노이만Königshausen und Neumann, 2000년, 12쪽

남아 있는 가치

- 아야나 아치Ayana Archie&랄프 엘리스Ralph Ellis, 「수천조 톤의 다이아몬드가 지구 깊은 곳에 묻혀 있다A quadrillion tons of diamond lie deep beneath the Earth's surface」, 『CNN style』에 수록, 2018년 7월 18일

- 조지 벨야닌Georgy Belyanin, 얀 크레머스Jan D. Kramers, 마르코 A.G. 안드레올리Marco A.G. Andreoli 등, 「이집트 남서쪽의 탄산 다이아몬드 기반 히파티아석의 암석학: 기원에 대한 논쟁Petrography of the carbonaceous, diamond-bearing stone 'Hypatia' from southwest Egypt: A contribution to the debate on its origin」, 『지질 및 우주화학 연구지Geochimica et Cosmochimica Acta』 223에 수록, 2018년 2월 15일, 462~492쪽

- 제이 베네트Jay Bennett, 「놀라운 히파티아석이 태양계에서 볼 수 없는 성분을 포함하고 있다Incredible Hypatia Stone contains compounds not found in the solar system」, 『Popular Mechanics』에 수록, 2018년 5월 10일
- 브리스톨대학, 「모든 금은 어디에서 나오는가? 운석 폭발의 결과로 얻을 수 있는 귀한 금속, 암석 분석 결과Where does all the gold come from? Precious metals the result of meteorite bombardment, rock analysis finds」, 『Science Daily』에 수록, 2011년 9월 9일
- A. 루카스A. Lucas&J.R. 해리스J.R. Harris, 『고대 이집트 재료 및 산업Ancient Egyptian Materials and Industries, 1934년』, 도버Dover, 미놀라Mineola, 뉴욕 2005년
- 토마스 만, 『요제프와 그의 형제 4Josef und Seine Brüder IV, 1943년』, 프랑크푸르트 암 마인, 피셔, 1974년, 750쪽
- 얀 바그너, 「골드. 시대풍자극, 음악이 있는 라디오Gold. Revue, Hörspiel Simple Musik」, 스벤 인고 코흐Sven-Ingo Koch, Hörverlag, 뮌헨, 2018년[2 CD]

이집트학자인 디트리히 빌둥 박사부터 그의 부인인 실비아 쇼스케, 뮌헨의 이집트 미술 박물관 감독까지. 시간을 내주신 모든 이들에게 감사하다.

얼음 행렬

- 안드레아스 베르트람-바이스Andreas Bertram-Weiss, 『과거로 향한 얼음 다리-얼음 행렬의 역사적 연구Eisbrücke in die Vergangenheit - eine historysche Unterschung der Eisprozession』, 셰르징겐Scherzingen, 2013년[사본]
- 루이스 부뉴엘, 『내 마지막 한숨Minee Letzter Seufzer』, 베를린, 알렉산더 베를라그Alexander Verlag, 2004년
- 베르너 도브라스Werner Dobras, 『어떻게 얼음이 그렇게 뜨거운가: 875년부터 오늘날까지 지그프뢰르네의 역사Wie ist das Eis so heiß: Die Geschichte der Segfrörnen von 875 bis heute』, 베르가트로테Bergatroute, 에페Eppe, 2003년
- 카트린 프롬Kathrin Fromm, 「지그프뢰르네에서의 세기의 사건: 군중이 물을 건넜을 때Jahrhundertereignis Segfrörne: Als die Massen üers Wasser Gingen」, 『Spiegel Online』에 수록, 2013년 2월 7일
- 스테판 힐저Stefan Hilser, 「요하네스의 흉상이 다시 뮌스터링겐으로Johannesbüste zurück in Münsterlingen」, 『Südkurier』에 수록, 2014년 2월 9일
- 디터 후바치Dieter Hubatsch, 「얼음으로 덮인 국경: 50년 전 시그프뢰르네Über eisige Grenzen: Seegfrörne vor 50 Jahren」, 프리드리히샤펜Friedrichshafen, 로베르트 게

슬러Robert Gessler, 2012년
- 하이디 켈러Heidi Keller, 「다이빙 사고: 목사 뎀링의 죽음이 임멘슈타트에게 충격을 주다Tauchunfall: Tod von Pfarer Demling Schockiert Immenstaad」, 『Südkurier』에 수록, 2014년 3월 2일

제1대 하그나우 암 보덴제의 지역사 및 역사협회의 이사장인 루돌프 디멜러 씨와 스위스 할트나우 교구의 부제인 마티아스 로레탄 씨의 수많은 정보와 조언에 감사드린다.

백과사전

- 호르헤 루이스 보르헤스, 「존 비킨스의 분석적 언어Die analysische Sprache von John Wilkins」, 『의무. 에세이 1941~1952년Inquisitionen. Essays 1941~1952』에 수록, 프랑크푸르트 암 마인, 피셔, 1992년, 113~117쪽
- 제프 나이어Geoff Dyer, 『조나Zona』, 뉴욕, 판테온Pantheon, 2012년, 29쪽, 52쪽
- 움베르토 에코, 『열린 작업Das offene Kunstwerk, 1962년』, 프랑크푸르트 암 마인, 주어캄프, 1977년
- 귀스타브 플로베르, 『마담 보바리Madame Bovary, 1857년』, 취리히, 마네세, 1994년, 298쪽
- 귀스타브 플로베르, 『부바르와 페퀴셰Bouvard et Pécuchet, 1881년』, 취리히, 디오게네스, 1979년
- 미셸 푸코, 『사물의 질서The Ordnung de Dinge, 1966년』, 프랑크푸르트 암 마인, 주어캄프, 1994년, 17쪽
- 이브 호튼Eve Houghton, 「거북이 딱지를 지나Pass the Tortoise Shell」, 『Times Literary Supplement』에 수록, 2018년 9월 26일
- 윌리엄 셰익스피어, 「좋으실 대로Wie es euch gefällt, 1599년」, 『셰익스피어. 전권 4권Shakespeare. Sämtliche Werke in vier Bänden』[vol. 1]에 수록, 1994년
- 레오나르도 다빈치Leonardo da Vinci, 「그림에 대한 논문Trakt über die Malleei」[사후 1651년], 『레오나르도 다빈치. 그림과 모든 그림에 대한 글Leonardo da Vinci. Schriften zur Malerei und sämtliche Gemälde』, 뮌헨, 쉬르머Schirmer/모젤Mosel, 2011년

이 장의 수많은 배경 정보는 뮌헨의 루드비히-막시밀리안대학에 있는 중국학자인 한스 반 에스 교수와의 활발한 교류에 기인한다.

소리 내는 악기

- 발다사레 카스티글리오네, 『호프만. 르네상스 시대의 삶의 방식Der Hofmann. Lebensart in der Renaissance』, 1528년, 베를린, 바겐바흐, 2004년, 38쪽
- 모나 프롬Mona Fromm, 「스트라디바리의 마법Zauber einer Stradivari」, 『Handelsblatt』에 수록, 2018년 2월 23~25일, 38~39쪽
- 이반 헤비트Ivan Hewitt, 「궁극적 도전The Ultimate Challenge」, 『The Telegraph』에 수록, 2005년 10월 26일
- 크리스토퍼 리브세이Christopher Livesay, 「이탈리아 알프스, 스트라디바리 나무가 자라는 곳In the Italian Alps, Stradivari's Trees live on」, 『National Public Radio』에 수록, 2014년 12월 6일

조나단 몰즈는 런던 심포니 오케스트라의 니콜라스 셸먼과 캐서린 맥도웰의 중재 덕분으로 나와의 긴 인터뷰에 자원했다. 또한 미카엘 보르트 교수와의 토론과 크리스티안 게르하허가 도움이 되었으며, 특히 타렉 아투이는 이 장에 매우 큰 도움을 주었다.

집, 아파트, 동굴

- 아니타 알부스, 『미술의 예술. 그림의 추억Die Kunste der Künste. Erinnerungen a die Malrei』, 프랑크푸르트 암 마인, 아이히본Eichborn, 2005년
- 아니타 알부스, 『어둠속의 빛, 프루스트에 대해Im Licht der Finsternis. Über Proust』, 프랑크푸르트 암 마인, 피셔, 2011년
- 리차드 맥두걸Richard McDougall, 『아드리안느 모니에와의 매우 풍요로운 시간 The Very Rich Hours of Adrienne Monnier』, 뉴욕, 사이먼&슈스터Simon&Schuster, 1976년, 3쪽, 30쪽
- 유발 노아 하라리, 『사피엔스: 유인원에서 사이보그까지』, 뮌헨, 판테온, 2015년, 33쪽
- 하비 존스Harvey L. Jones, 『친밀한 어필. 베아트리체 우드의 그림 예술Intimate Appeal. The Figurative Art of Beatrice Wood』, 오클랜드Oakland, 오클랜드 박물관Oakland Museum[전시 카탈로그, 로스엔젤레스, 공예와 민속 미술관], 1990년
- 도로시아 태닝, 『생일Birthday』, 라피스Lapis, 샌프란시스코, 1986년
- 도로시아 태닝, 『삶의 사이. 예술가와 그녀의 세상Between Lives. An Artist and Her world』, 뉴욕, 노튼Norton, 2001년
- 베아트리체 우드, 『나 자신에게 충격을 주었다Shock Myself』, 샌프란시스코,

크로니클 북스Chronicle Books, 1992년

의학박사 알렉산더 클루거와 의학박사 헤르만 파르징거, 그리고 귈센 뒤르 부인께 감사드린다. 1996년과 2002년 사이에 뉴욕과 캘리포니아에서 베아트리체 우드, 도로시아 태닝, 루이즈 부르주아를 방문한 것이 내 기억에 깊이 남아 있다.

미완성

- 켈리 바움Kelly Baum, 안드레아 바이어Andrea Bayer, 쉬나 바그스태프Sheena Wagstaff, 『미완성. 사고가 시각적으로 표현된다Unfinished. Thoughts Left Visible』, 예일 대학교 출판부, 2016년[전시 카탈로그, Met Breuer, NY]
- 오노레 드 발자크, 『알려지지 않은 걸작Das unbekannte Meisterwerk』, 프랑크푸르트 암 마인, 피셔, 1987년, 109쪽
- 윌리엄 개디스, 「언어의 매혹: 엠마뉴엘 에르텔과 윌리엄 가디스의 대화 Die Faszination der Sprache: William Gaddis Im Gespräch minimelle Ertel」: 토마스 기르스트&얀 바그너, 『요소 8의 바깥쪽Die Außenseite des Elementes 8』, 베를린과 뉴욕, NPAM, 1999년, 12쪽에 수록
- 요한 볼프강 폰 괴테, 『파우스트』, 뮌헨, 체하베크, 1987년, 359쪽
- 폴 인겐다이Paul Ingendaay, 「가장 어두운 어둠의 꿈Träume aus der Schwärzesten Dunkelheit」, 『Frankfurter Allgemeine Zeitung』에 수록, 2004년 7월 3일, 43쪽
- 로베르트 무질, 『특성 없는 남자Der Mann one Eigenschaften』, 1930, 1933, 1943년』, 함부르크, 로볼트, 1990년
- 로베르트 무질, 『생도 퇴를레스의 혼란Die Verwirungen des Zöglings Törless, 1906년』, 함부르크, 로볼트, 1993년, 7쪽
- 울리히 라울프, 『나의 쓰이지 않은 걸작Mine ungeschriebenes Meisterwerk』, 쾰른, 맥시밀리안 협회Maximilian Society, 2012년, o.쪽
- 그랜트 쉬레브Grant Shreve, 「미완성 소설 찬미In Praise of Unfinished Novels」, 『The Millions』에 수록, 2018년 2월 21일
- 프랑수아 트뤼포, 『히치콕 씨, 어떻게 만든 겁니까?Hitchcock, wie haben Sie das gemacht?, 1966년』, 뮌헨, 헤이네Heyne, 1997년

도판 출처

14쪽 ⓒ Arie M. den Toom / Wikimedia Commons

18쪽 ⓒ Arimaj / Wikimedia Commons

28쪽 ⓒ FrankBothe / Wikimedia commons

32쪽 ⓒ Holbein66 / Wikimedia Commons

50쪽 ⓒ Didier Descouens / Wikimedia Commons

54쪽 ⓒ Stefan Zachow of the International Mathematical Union / Wikimedia Commons

58쪽 ⓒ Rygel, M.C. / Wikimedia Commons

62쪽 ⓒ Dag Endresen / Wikimedia Commons

66쪽 (상) ⓒ H.-P.Haack / Wikimedia Commons
(하) ⓒ Ferdinand Georg Waldmüller / Wikimedia Commons

72쪽 ⓒ Hiroshige / Wikimedia Commons

76쪽 ⓒ Alfred Stieglitz / Wikimedia Commons

86쪽 ⓒ Albrecht Dürer / Wikimedia Commons

90쪽 ⓒ Marina Abramović and the CODA Museum / Wikimedia Commons

94쪽 ⓒ Man Ray / Wikimedia Commons

108쪽 ⓒ NASA/JPL / Wikimedia Commons

112쪽 ⓒ NASA / Wikimedia Commons

113쪽 ⓒ NASA / Wikimedia Commons

122쪽 ⓒ Elliott & Fry / Wikimedia Commons

124쪽 ⓒ Alex Ehrenzweig / Wikimedia Commons

130쪽 ⓒ Ferdinand Finsterlin / Wikimedia commons

134쪽 ⓒ John Mainstone, University of Queensland / Wikimedia Commons

144쪽 ⓒ Pkirlin / Wikimedia Commons

150쪽 ⓒ Hiro2006 / Wikimedia Commons

154쪽 ⓒ iloverjoa / Wikimedia Commons

158쪽 (상) ⓒ BlueEagle1 / Wikimedia Commons
(하) ⓒ Otto Wegener / Wikimedia Commons

172쪽 ⓒ ArchaiOptix / Wikimedia Commons

세상의 모든 시간

발행일 2020년 3월 20일 초판 1쇄
        2020년 5월 5일 초판 2쇄

지은이 | 토마스 기르스트
옮긴이 | 이덕임
펴낸이 | 정무영
펴낸곳 | (주)을유문화사

창립일 | 1945년 12월 1일
주소 | 서울시 마포구 서교동 469-48
전화 | 02-733-8153
팩스 | 02-732-9154
홈페이지 | www.eulyoo.co.kr
ISBN 978-89-324-7422-9 03900